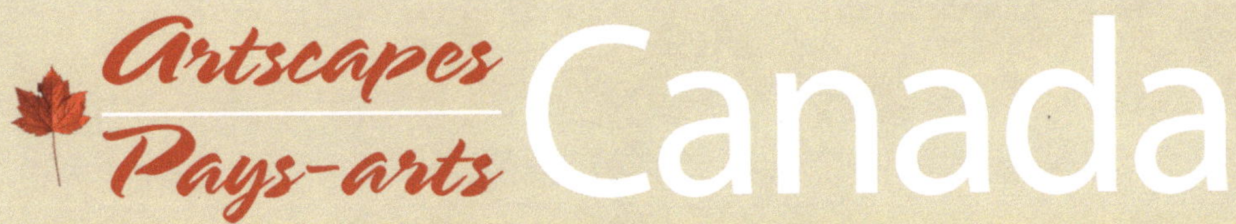

Artscapes / Pays-arts — Canada

a land interpreted by lens and brush

Second Edition

Deuxième Édition

R.J. Belcourt

Belcourt, Raymond, 1960-
   Artscapes / Pays-arts Canada : a land interpreted
by lens and brush / R.J. Belcourt

Second Edition

Copyright 2012, 2018 © Ray Belcourt
ISBN: 978-0-9809572-8-0

Reproduction of the individual paintings by permission of the artist.

Reproduction des œuvres individuelles avec le consentement de l'artiste.

project director/directeur de projet : Ray Belcourt

author/auteur : Ray Belcourt

editor/editeur : Dr. Ignatius Fay

computer graphics/infographie : Dr. Ignatius Fay

photography/photographie : Ray Belcourt

traduction française : Claude Robbe

proofreader/réviseur : Denise Belcourt-Paquette

published by/publié par *pens & lens*

Copies of this work may be purchased online at https://www.amazon.ca

Des exemplaires de ce livre sont disponibles en ligne sur le site web https://www.amazon.ca

in memory of / à la mémoire de

Robert- André (Boo) Rochefort

(1961 - 2010)

'all is not explainable to everyone
nor need it be/my job to enlighten the masses.'

Acknowledgments

I would like to thank the following folks for their time, devotion and care:

Ignatius Fay, PhD, for his editing and formatting prowess, Photoshop expertise and guidance throughout;
Claude Robbe and Denise Belcourt-Paquette for their interpretation
and meticulous translation of the English text into French;
Dr. Ruth DyckFehderau for sharing her advice, kindness and literary tips;
All of the artists whose talents, creativity and hard work made this book possible;
My children—Jasmine, Devon, Rose and Luana—for becoming my greatest fans;
My wife, Cami, whose love and encouraging words motivated me to attain my dream.

Je voudrais remercier les personnes suivantes pour le temps qu'elles ont consacré au projet, ainsi que pour le
dévouement et l'attention dont elles ont fait preuve:

Ignatius Fay, PhD, pour ses prouesses dans le domaine de l'édition et du formatage,
sa maîtrise de Photoshop et l'ensemble de ses conseils;
Claude Robbe et Denise Paquette pour leur traduction méticuleuse du texte anglais en français;
Dr Ruth Dyck Fehdereau pour nous avoir fait profiter de ses conseils, de sa gentillesse et de ses conseils littéraires;
Tous les artistes, dont le talent, la créativité et le difficile travail ont rendu ce livre possible;
Mes enfants—Jasmine, Devon, Rose et Luana—pour être devenus mes plus grands admirateurs;
Mon épouse, Cami, dont l'amour et les paroles d'encouragement m'ont poussé à réaliser mon rêve.

The Cover – La couverture

The theme of the cover, portraying an elegant and sophisticated Country Inn in a rural setting painted over four distinct seasons represents both the diversity and the unity of Canada.

The varied works included here bear witness to Canada's diverse geography, topography, seasons and climate. Enhancing this diversity, Canada welcomes and integrates people from the four corners of the world with their various cultures, faiths, colors and languages, yet it is united by common purpose and ambitions.

I decided to depict the diversity by portraying the same scene across the seasons. The different painting media, ranging from the ethereal and luminous qualities of watercolors to the textural, almost three dimensional, effects of acrylics and the luscious creamy colors of oils, all add to the theme of diversity. The image of the Country Inn represents the unity of Canada—a place where Canadians from a broad range of origins and all walks of life, with the richness of their cultures and languages, would gather together to break bread, have a cup of tea, mingle, chat and make friends.

Mohamed Hirji

Le thème de la couverture, qui montre une auberge champêtre élégante et chic dans un décor rural peint pendant chacune des quatre saisons, représente à la fois la diversité et l'unité du Canada. Les œuvres variées contenues ici témoignent des différences qu'offre le Canada dans sa géographie, sa topographie, ses saisons et son climat. Cette diversité est encore accentuée par le fait que le Canada accueille et intègre des gens des quatre coins du monde avec leurs différences de cultures, de religion, de couleurs et de langues, et pourtant il est uni dans une communauté d'objectifs et d'ambitions.

J'ai décidé de représenter cette diversité en montrant la même scène à travers les saisons. Les différents supports des tableaux, qui vont des qualités aériennes et lumineuses des aquarelles aux effets de texture, presque tridimensionnels, des acryliques et les couleurs riches et crémeuses des huiles, viennent tous s'ajouter au thème de la diversité. L'image de l'auberge champêtre représente l'unité du Canada, un endroit où les Canadiens de toutes origines et de tous milieux, avec la richesse de leurs cultures et de leurs langues, venaient se réunir pour rompre le pain, prendre une tasse de thé, se mêler les uns aux autres, bavarder et se faire des amis.

Mohamed Hirji

Mohamed Hirji - Country Wildflowers Bed & Breakfast Inn, Leduc, Alberta
Winter (watercolor/paper – aquarelle/papier); Spring (photo by/par Ray Belcourt); Summer (acrylic/canvas - acrylique/toile); Autumn (oil/canvas - huile/toile).

We Canadians live in a country with landscapes as varied and diverse as its people. In this rugged northern climate, our lives are governed by seasons that continually affect our plans and activities. We adapt in different ways—some surrender to its temperaments and enjoy the activities and scenery associated with each season, while others continually complain and gripe about its follies. Perhaps the time has come to look at our surroundings once again, from a slightly different perspective, to reaffirm our appreciation of this beautiful country.

As a photographer, I try to find and present the moods and wonders of Canadian weather and landscapes in unconventional ways. The thought of capturing yet another traditional photo of Lake Louise, another solitary lighthouse or old prairie barn at sunset does not inspire me. Don't get me wrong—I love these Canadian landmarks, but they have been done so many times. For this project, I wanted to present them in a creative and original format. Many photographers turn to Adobe Photoshop when they want to present the same old images in a new way, and it permits nearly endless possible modifications. But the more I thought about digitally manipulated photos, the more I realized that they lack the human touch. I decided instead to collaborate with visual artists—painters, mostly—to mesh their media with my photographs, to have them paint over portions of the photographs I would take. Adding these other artists to the process seemed a better way to add human dimension, life and personal interpretation to a one-dimensional digital print. I began by printing the photo directly on canvas, omitting portions of the image selected by the artist who then interpreted the missing portions in his/her chosen medium on the same canvas. The result is a landscape illustration that merges photo and painting seamlessly.

At first, I thought I would complete a provincial work in collaboration with a local artist. Very quickly, though, I realized that a Canada-wide project would have so much more diversity and depth—not unlike the country itself—and would allow me the opportunity to travel and meet some wonderful talent.

New to the world of art, I began by asking curators at selected galleries their thoughts about the idea of combining painting and photography. For the most part, they responded with ridicule and disdain. Why any artist would paint his/her art over a photo was inconceivable and, besides, the procedure was entirely too much work and effort. Their responses only fueled my

enthusiasm. I imagined that many artists would enjoy stepping out of their routines to venture into a new, exciting creative form. I already had a job and believed that coordinating this project would be just plain fun. So, naive perhaps, I set out on a path across Canada in search of scenes that would represent the provinces and have a certain artistic appeal, while looking for artists who might be interested in collaborating.

I looked at paintings, I visited galleries and I spent a lot of time looking through art books in libraries and bookstores. Once I had a firm idea of what I wanted to achieve, I approached artists on the basis of painting style, reputation and enthusiasm, attempting to enlist a broad range of styles and techniques.

Despite the curators' warnings, I wasn't surprised that most artists I approached responded positively. Once the project began to develop, I became even more enthusiastic as each newly completed painting exceeded my expectations. I was especially pleased to learn that the project affected the artists in wonderful ways: some were inspired by the project itself, some were re-energized by the spirit of the team members, while still others were excited by the prospect of having their work published.

My goal was to share the beauty of my country with the world in a fresh, new artistic form. I am thankful to the Artscapes/Pays-arts Canada team of artists who had the courage to trust me, to forgo the norm and to share my vision. Their talents, dedication and hard work are what made this book possible.

We, the artists and I, are proud to present this collection of original Canadian art. Enjoy.

Préface

*N*ous les Canadiens habitons dans un pays aux paysages aussi variés et divers que sa population. Sous ce rude climat du nord, nos vies sont réglées par les saisons, qui, sans cesse, ont une influence sur nos projets et nos activités. Nous nous adaptons de différentes façons : certains cèdent devant ses humeurs et profitent de leurs activités et du paysage en fonction de chaque saison, alors que d'autres se plaignent et ronchonnent continuellement face à ses excès. Peut-être le moment est-il venu de regarder à nouveau notre environnement d'un point de vue légèrement différent, afin de réaffirmer l'admiration que nous portons à ce beau pays.

En tant que photographe, je m'efforce de trouver et de présenter les humeurs et les merveilles du climat et des paysages canadiens de façons originales. L'idée de prendre une autre photo traditionnelle de Lake Louise, d'un autre phare isolé ou bien d'une vieille grange dans la prairie au coucher du soleil ne m'inspire pas. Ne vous méprenez pas, j'adore ces repères canadiens, mais ils ont été montrés si souvent. Pour ce projet, j'ai voulu les présenter dans un format créatif et original. De nombreux photographes utilisent Adobe Photoshop lorsqu'ils veulent présenter ces mêmes vieilles images d'une manière nouvelle, et cela permet des modifications presque à l'infini. Mais plus je pensais à ces photos numériques retravaillées, plus je me rendais compte qu'il leur manque l'aspect humain. À la place, je décidai de collaborer avec des artistes visuels, des peintres pour la plupart, afin d'associer leur support à mes photos et de les amener à peindre des parties de photos que je prendrais. Le fait d'ajouter ces artistes à ce procédé semblait être une meilleure façon d'ajouter cette dimension humaine, de la vie et une interprétation personnelle à des épreuves numériques unidimensionnelles. J'ai commencé par imprimer la photo directement sur de la toile, en omettant les parties de l'image sélectionnées par l'artiste, qui, ensuite, a reproduit les parties manquantes avec le moyen d'expression de son choix sur cette même toile. Le résultat est l'illustration d'un paysage qui associe de manière homogène la photo et le tableau.

Mon idée de départ était de réaliser un travail provincial en collaboration avec un artiste local. Mais, très vite, je me suis rendu compte qu'un projet à l'échelle du Canada offrirait tellement plus de diversité et de profondeur, ce qui n'est pas sans rappeler le pays lui-même, et me donnerait également l'occasion de voyager et de rencontrer de merveilleux talents.

Étant novice dans le monde de l'art, j'ai commencé par demander aux conservateurs de certaines galeries ce qu'ils pensaient de cette idée d'associer la peinture et la photographie. La plupart réagirent avec dérision et mépris. Pourquoi un artiste peindrait-il un tableau à partir d'une photo ? Cela était inconcevable et, en plus, la procédure demanderait trop de travail et d'effort. Ces réactions n'ont fait qu'alimenter mon enthousiasme. J'ai imaginé que de nombreux artistes prendraient plaisir à sortir de leur routine pour s'aventurer dans une forme de création nouvelle et passionnante. J'avais déjà un travail et organiser ce projet ne serait pour moi que du plaisir. Donc, avec peut-être quelque naïveté, j'entrepris de traverser le Canada à la recherche de scènes qui représenteraient les provinces et qui auraient un certain intérêt artistique, tout en cherchant des artistes qui pourraient être prêts à collaborer.

J'ai regardé des tableaux, j'ai visité des galeries et j'ai passé beaucoup de temps à parcourir des livres d'art dans des bibliothèques et des librairies. Dès que j'ai eu une idée bien arrêtée de ce que je voulais accomplir, j'ai pris contact avec des artistes en fonction de leur style de peinture, leur réputation et leur enthousiasme, en m'efforçant de rassembler un vaste éventail de styles et de techniques.

Malgré les avertissements des conservateurs, je n'ai pas été surpris que la plupart des artistes que j'avais contactés répondent de manière positive. Une fois que le projet commença à prendre forme, mon propre enthousiasme grandit au fur et à mesure que chaque tableau dépassait mes attentes. Je fus particulièrement content d'apprendre que ce projet touchait les artistes de façons merveilleuses : certains étaient inspirés par le projet lui-même, certains re-dynamisés par l'attitude des membres de l'équipe et d'autres encore ravis à la perspective de voir leur œuvre publiée.

Mon but était de partager la beauté de mon pays avec le monde sous une forme artistique originale et nouvelle. Je suis reconnaissant à l'équipe d'artistes de Artscapes/Pays-arts Canada qui a eu le courage de me faire confiance, de renoncer à la norme et de partager ma façon de voir les choses. Leur talent, leur dévouement et leur dur travail constituent ce qui a rendu ce livre possible.

Nous, les artistes et moi-même, sommes fiers de vous présenter cette collection d'art canadien original. Nous espérons qu'elle vous plaira.

Table of Contents

The Art

As initiator and coordinator of the project, I had the privilege of selecting the talented members of the team to represent their province. I approached and selected artists on the basis of painting style, reputation and enthusiasm, attempting to provide a range of styles and techniques as diverse as our great country. Over a 2-year period, I traveled across Canada to take a variety of landscape photos in each province. The scenes ranged from provincial iconic views to simple seasonal landscapes. Much of the photography was dictated by the weather and lighting conditions, as well as the accessibility of the remote areas. In all instances I concentrated on capturing a photo with the artist's particular style in mind.

Once I had collected an array of landscape shots, I sent them to the artists to select the photos that inspired them and that they felt best suited their individual painting styles. Together we considered creative and unique characteristics that would capture the interest and imagination of the art world and the Canadian public. The challenge, unique in each instance, was to find a way to have the photograph and the paint share the canvas, blending the media into one homogenized scene.

The photo itself first had to be transferred to canvas, omitting portions of the image selected by the artist. Then came the interpretation and rendering of the missing portions by the artist in his/her chosen medium right on the canvas. The result is a landscape illustration that merges photo and painting seamlessly. The combinations are as interesting and varied as the landscapes and the artists themselves.

Reproductions of the (final) artwork are formatted in this coffee table book. The content is focused on the artwork of the Canadian environment with short insights of my experiences on location across the country. The artists share their personal thoughts about how their paintings are representative of their respective provinces.

En tant qu'instigateur et coordinateur de ce projet, j'ai eu le privilège de sélectionner les membres talentueux de l'équipe afin qu'ils représentent leur province. Je me suis adressé à des artistes que j'ai choisis en fonction de leur style de peinture, de leur réputation et de leur enthousiasme, tout en essayant d'apporter un éventail de styles et de techniques aussi divers que l'est notre grand pays. Pendant deux ans, j'ai traversé le Canada pour prendre une variété de photos de paysages dans chaque province. Les scènes allaient de célèbres vues provinciales à de simples paysages au rythme des saisons. La plupart des photos ont été dictées par les conditions météorologiques et la lumière ambiante, ainsi que par la difficulté d'accéder à ces lieux isolés. Dans tous les cas, je me suis efforcé de prendre une photo en gardant à l'esprit le style particulier de l'artiste.

Après avoir recueilli un ensemble de photos de paysages, je les ai envoyées aux artistes afin qu'ils sélectionnent celles qui les inspiraient et qui, selon eux, convenaient le mieux à leur propre style de peinture. Ensemble, nous avons étudié les éléments créatifs et uniques qui captiveraient l'intérêt et l'imagination du monde de l'art et du public canadien. Le défi, unique dans chaque cas, était de trouver un moyen de faire partager la toile à la photo et à la peinture, afin que le support fusionne en une seule scène homogène.

La photo elle-même a dû d'abord être transférée sur la toile, en omettant des parties de l'image sélectionnées par l'artiste. Ensuite sont intervenus l'interprétation et le rendu de ces parties manquantes par l'artiste au moyen de sa technique directement sur la toile. Le résultat est l'illustration d'un paysage qui rassemble la photo et la peinture de façon cohérente. Ces associations sont aussi intéressantes et variées que les paysages et les artistes eux-mêmes.

Des reproductions de ces œuvres d'art achevées sont présentées dans ce beau livre. Le contenu est axé sur la représentation artistique de l'environnement canadien avec quelques courts aperçus de mes expériences sur place à travers le pays. Les artistes font part de leurs réflexions personnelles sur la manière dont leurs tableaux représentent leurs provinces respectives.

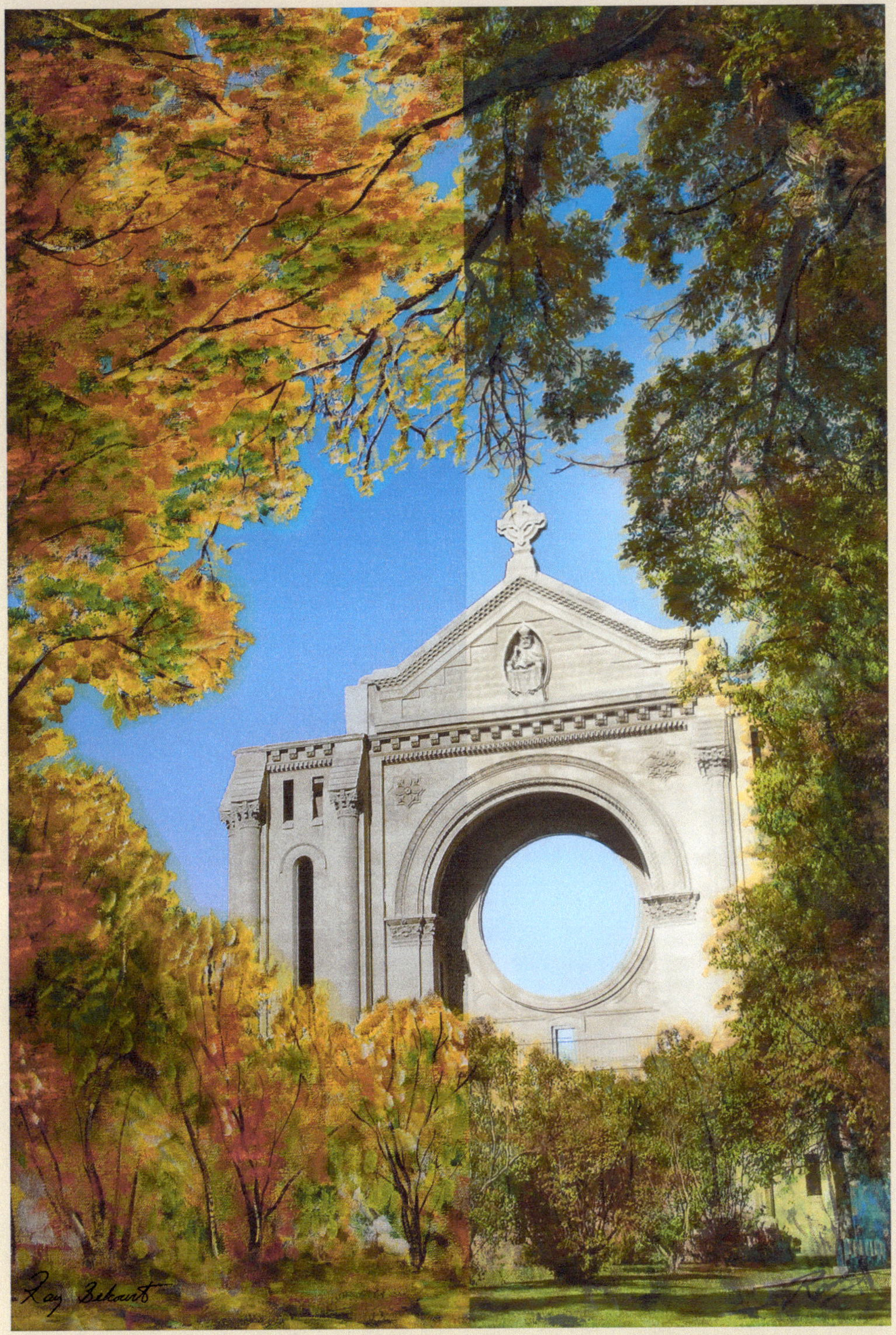

Cathédrale Saint-Boniface Cathedral
Before (right) and After (left)

I took the photo in early autumn when the leaves were just beginning to change color. Roman Gierek, working in oil, decided he would like to turn it into an image of the cathedral when the color change had reached its peak. The result is a startlingly vivid and captivating scene.

Below is the image as Roman received it, ready for him to add back the missing areas.

Avant (droite) et après (gauche)

J'ai pris cette photo au début de l'automne alors que les feuilles commençaient tout juste à changer de couleurs. Roman Gierek, qui peint à l'huile, a choisi d'en faire une image de la cathédrale lorsque le changement de couleur aurait atteint son apogée. Le résultat est une scène étonnamment vivante et captivante.

La photo à la droite est celle que Roman a reçue, et c'était à lui d'ajouter les zones manquantes.

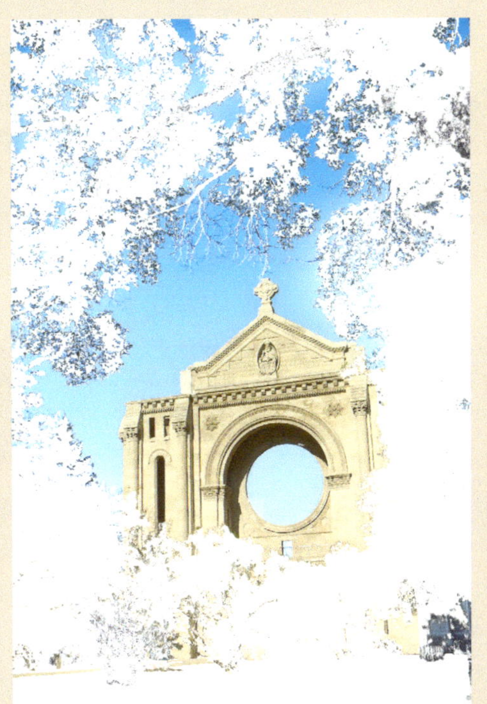

Nova Scotia

Photographer:

Ray Belcourt

Artist:

Dawn Oman

When I arrived at Peggy's Cove, I was not prepared for the experience that is St. Margaret's Bay. As I scrambled down towards the shoreline, around and over the wet granite rocks, I was amazed at the size of the black swells forming out at sea and advancing towards me. The thundering clap of the waves against the rocks shook my confidence and immediately earned my respect—and my retreat. This area, only a few meters from the safety of the parking lot, is extremely dangerous, the waves terribly unpredictable. The slightest error in judgment and, in a heartbeat, I could have been swept out to sea. Once safely perched atop the bank, adrenaline racing through my veins, with a newfound respect for the forces of Mother Nature, I snapped the iconic lighthouse.

Seeing Peggys Cove for the first time was like walking into a very large landscape painting or a movie. The ability to walk freely around and explore this world-renowned landmark was such a thrilling experience…so fresh! The lighthouse was particularly appealing. I knew that one day I would paint it!!

When Ray called to invite me to participate in this wonderfully unique project—and suggested my painting was to be part of Peggys Cove—I had to say Yes!!! When I moved to Nova Scotia, I knew my future held plenty of new subject matter to paint. I have fulfilled one dream, but I think I will be inspired for many years to come.

Quand je suis arrivé à Peggy's Cove, je n'étais pas préparé à cette expérience qu'est la Baie de Sainte Margaret. Alors que je dégringolais vers le rivage, en contournant et en passant au-dessus des rochers de granite mouillés, je fus stupéfait par la taille de la houle noire qui se formait en mer et avançait dans ma direction. Le claquement assourdissant des vagues contre les rochers ébranla ma confiance, gagna immédiatement mon respect et m'obligea à me replier. À seulement quelques mètres du parking qui ne présente aucun risque, cet endroit est extrêmement dangereux et les vagues terriblement imprévisibles. La moindre erreur de jugement et, en l'espace d'un instant, j'aurais pu être emporté vers la mer. Une fois perché en toute sécurité en haut du bord, l'adrénaline parcourant mes veines à toute vitesse et avec un respect tout nouveau pour les forces de la Nature, je photographiai le célèbre phare.

Lorsque j'ai vu Peggy's Cove pour la première fois, c'était comme si je mettais les pieds dans le paysage d'un immense tableau ou dans un film. Le fait d'être capable de me promener librement et d'explorer ce monument de renommée mondiale a été pour moi une expérience captivante…à couper le souffle! J'ai éprouvé un attrait particulier pour le phare. Je savais qu'un jour je le peindrais!!

Quand Ray a téléphoné pour m'inviter à participer à ce merveilleux projet unique et qu'il m'a suggéré de peindre une partie de Peggy's Cove, j'ai dû dire oui! Lorsque je suis allée vivre en Nouvelle-Écosse, je savais qu'il y avait plusieurs nouveaux sujets à peindre. J'ai réalisé un rêve, mais je pense que je serai inspiré pendant de nombreuses années à venir.

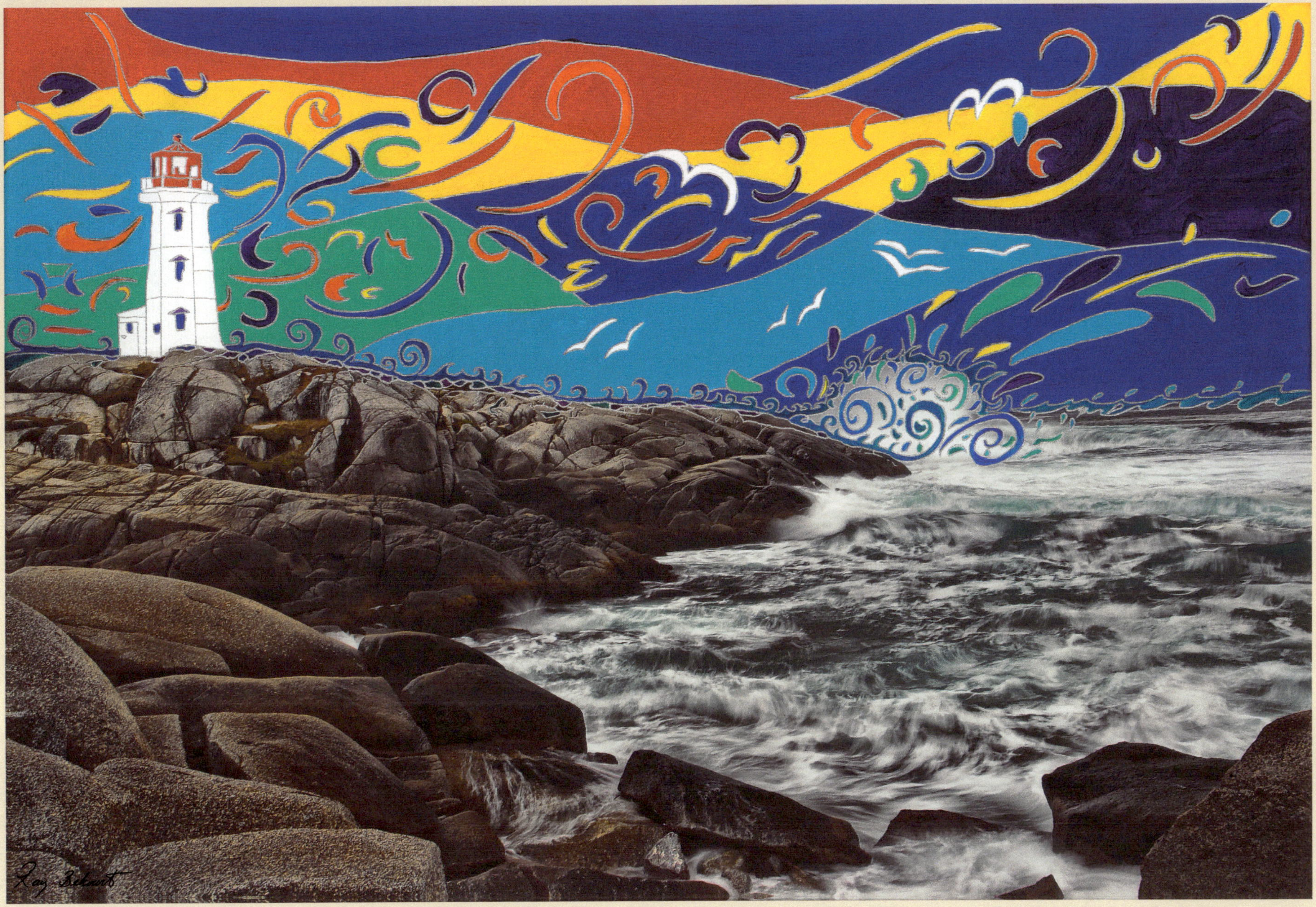

Peggy's Cove (acrylic/canvas - acrylique/toile)

Photographer:

Ray Belcourt

Artist:

Louise Mould

I only spent a day by the sea in Cavendish, yet that brief experience overwhelmed my senses: the sight of the blazing red shore along the endless blue ocean; the smell of the salty sea air with its hint of fish and algae; the sound of the onshore wind rustling through the tall beach grass; and the feel of the hot sand on my feet as I walked along the dunes. Imagine how magical a childhood would be growing up surrounded by this beautiful landscape—as one's personal playground.

What can anyone say about the beauty of Prince Edward Island that has not already been said? How can anyone paint or photograph, yet once more, its special landscape? Prince Edward Island, from Canada's very beginnings at the Charlottetown Conference of 1864, has played a unique role in our history. It is fitting, then, that its geography, in a region dominated by rugged rocks and crashing seas, stands alone of all the Atlantic Provinces in the sandstone that distinguishes it and the intensive cultivation of its soil—especially with its famous potato crop. The images that spring so readily to mind are the red soil that contrasts so vividly with the green of the pastures, crops and trees that, in turn, is highlighted by a glimpse of the blue of the sea that surrounds it.

Je n'ai passé qu'une journée au bord de la mer à Cavendish, cependant cette brève expérience a submergé mes sens : la vue de ce rivage rouge vif le long de cet interminable océan bleu, l'odeur de cet air marin salé avec un soupçon de poisson et d'algues, le bruissement du vent du large à travers les hautes herbes de la plage, et le contact du sable chaud sous mes pieds alors que je marchais le long des dunes. Imaginez quelle enfance magique, ce serait de grandir, entouré de ce merveilleux paysage—et de l'avoir comme aire de jeu personnelle.

Que peut-on dire sur la beauté de l'Île du Prince Edouard qui n'a pas déjà été dit ? Comment peut-on, une fois de plus, peindre ou photographier ses paysages particuliers ? L'Île du Prince Edouard, depuis les tout débuts du Canada à la Conférence de Charlottetown de 1864, a joué un rôle unique dans notre histoire. Il convient donc de dire que sa géographie, dans une région dominée par des rochers déchiquetés et une mer déchaînée, se distingue de toutes les Provinces de l'Atlantique par le grès qui la caractérise et la culture intensive de son sol, particulièrement ses célèbres récoltes de pommes de terre. Les images qui sautent spontanément à l'esprit sont le sol rouge qui contraste de façon si saisissante avec le vert des pâturages, des cultures et des arbres, qui, à son tour, est mis en valeur par une vision fugitive du bleu de la mer qui l'entoure.

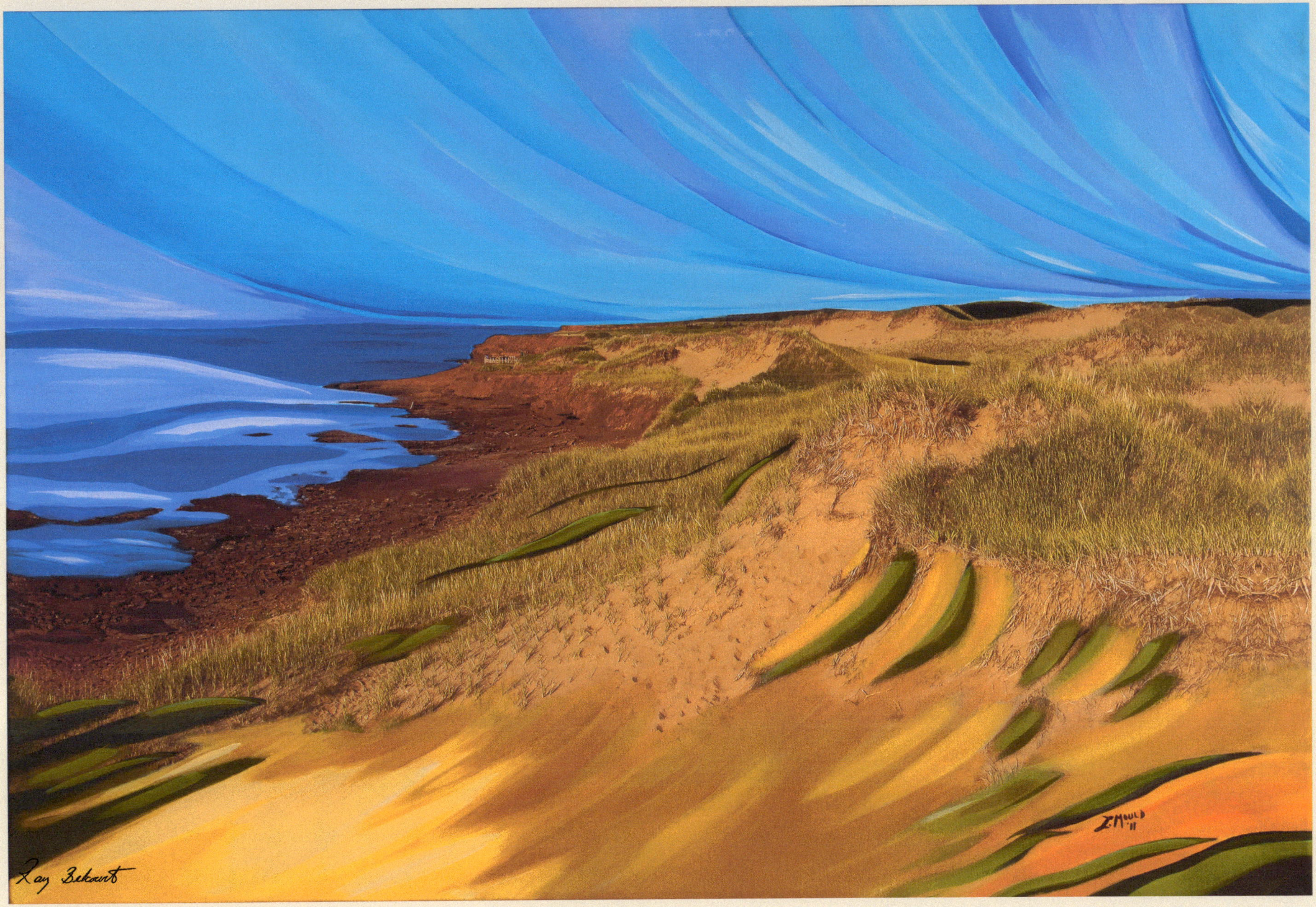

Cavendish Winds (acrylic/canvas - acrylique/toile)

Photographer:

Ray Belcourt

Artist:

Louise Mould

Red rich soil covers the Island, from the promontories and beaches along the coast to the narrow rural roads that run through the forests. But, for me, nothing sums up Prince Edward Island like a potato field.

I woke an old farmer taking an afternoon nap at the wheel of his potato truck to ask permission to photograph his farm. He asked why in the world I would want to photograph his field. I told him I loved the beautiful landscape. "Fill your boots," he responded with a confused look, then quickly returned to his siesta.

The photograph/painting shows the red and green of a potato field. The colors of Prince Edward Island play with the eye and are augmented by the spectacular sunsets that appear as if by magic—ever-changing with the swiftly blowing winds.

The photograph sets the composition; it frames the scene; it gives the piece structure and direction. The photograph grounds the artwork. The very prosaic subject and form allows the painter to show the other part of the Island— that part that surprises and then transports the viewer.

Un sol rouge et riche recouvre l'Île, des promontoires et des plages le long de la côte jusqu'aux étroites routes de campagne qui traversent les forêts. Mais, pour moi, rien ne résume aussi bien l'Île-du-Prince-Édouard qu'un champ de pommes de terre.

Je réveillai un vieux fermier qui faisait un petit somme au volant de son camion de pommes de terre pour lui demander la permission de photographier sa ferme. Il me demanda pourquoi diable je voulais photographier son champ. Je lui dis que j'adorais ce beau paysage. « Enfilez vos bottes, » répondit-il avec une certaine incompréhension dans le regard, puis retourna rapidement à sa sieste.

La photo et le tableau montrent le rouge et le vert d'un champ de pommes de terre. Les couleurs de l'Île jouent avec l'œil et sont accrues par les spectaculaires couchers de soleil qui apparaissent comme par magie et changent sans cesse avec les vents qui soufflent avec force.

La photo situe la composition, cadre la scène et donne à l'ensemble une structure et une direction. La photo fournit les bases du travail de l'artiste. Le sujet et la forme très prosaïques permettent au peintre de montrer l'autre aspect de l'Ile du Prince Edouard, cet aspect qui surprend et ensuite transporte le spectateur.

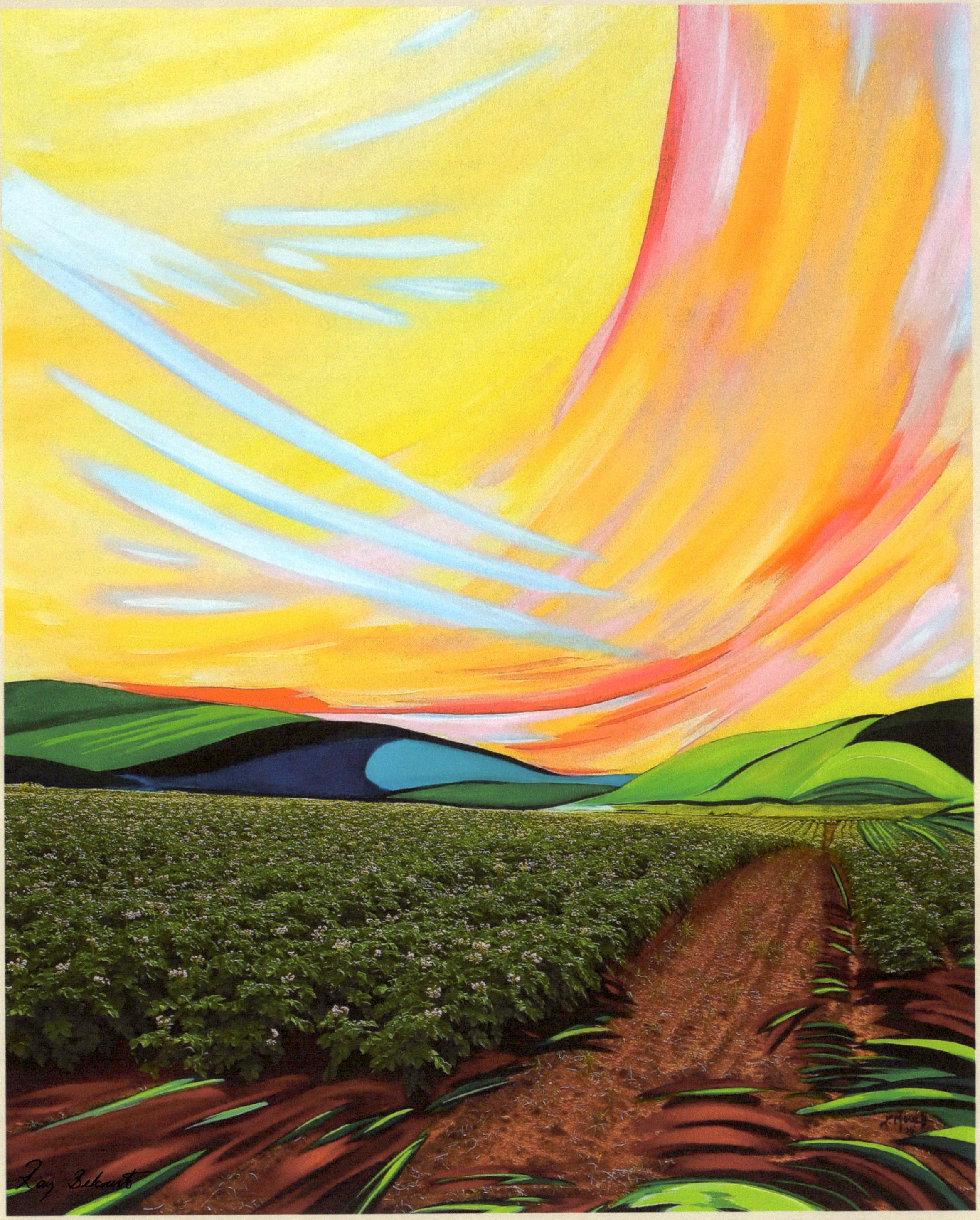

It is wonderful to feel the grandness of Canada in the raw, not because she is Canada but because she's something sublime that you were born into, some great rugged power that you are a part of.

Emily Carr

Prince Edward Island
Potato Field

(acrylic/canvas - acrylique/toile)

Photographer:

Ray Belcourt

Artist:

Louise Mould

On my daily commute to work, I enjoy the ever-changing prairie landscapes as they adapt and mutate in response to the shifting seasons; the winter fields blanketed in pristine snow, the hundreds of Canada geese peppering the Canola stubble surrounding the water puddles of the Spring thaw, the green fields of fresh summer crops gently flowing back and forth like waves on the ocean. And on cool autumn mornings, rolled hay bales adorn the harvested fields like giant biscuits of frosted shredded wheat.

Discovering similar hay bales in the rolling hills of Prince Edward Island was unexpected for me. My perception of the red earth island being limited to, and defined by, the farming of iconic PEI potatoes was altered forever, as were many other misconceptions along my travels across the country.

Pendant mes déplacements quotidiens au travail, j'apprécie les paysages en constante évolution des Prairies qui s'adaptent et évoluent en fonction des saisons changeantes. Les champs d'hiver recouverts de neige immaculée, les centaines de bernaches du Canada poivrant le chaume de canola entourant les flaques d'eau du dégel printanier, les champs verts des cultures fraîches d'été se déplaçant doucement comme des vagues sur l'océan. Et les matinées fraîches d'automne, les balles de foin roulées ornent les champs récoltés comme des biscuits géants de blé déchiqueté givré.

La découverte de balles de foin similaires dans les collines de l'Île-du-Prince-Édouard était inattendue pour moi. Ma perception de l'île de la terre rouge étant limitée et définie par l'élevage de pommes de terre emblématiques de l'Île du Prince Edward.

Properly cured, rolled up and tied into large round bales, they stand as a promise of nourishment for the winter. Herbage and grasses, clover and timothy, cut, dried and bound together.

Storm clouds, driven by winds blowing along red roads, blow across green fields punctuated with bales of hay. Lazy summer days preserved in a bundle of foliage.

Correctement séchées, enroulées et attachées en grosses balles rondes, ces énormes ballots constituent une promesse de nourriture pour l'hiver. Herbage et herbes, trèfle et fléole, couper, sécher et liés ensemble.

Des nuages d'orage, entraînés par des vents soufflant sur des routes rouges, traversent des champs verts ponctués de balles de foin. Journées d'été paresseuses conservées dans un faisceau de feuillage.

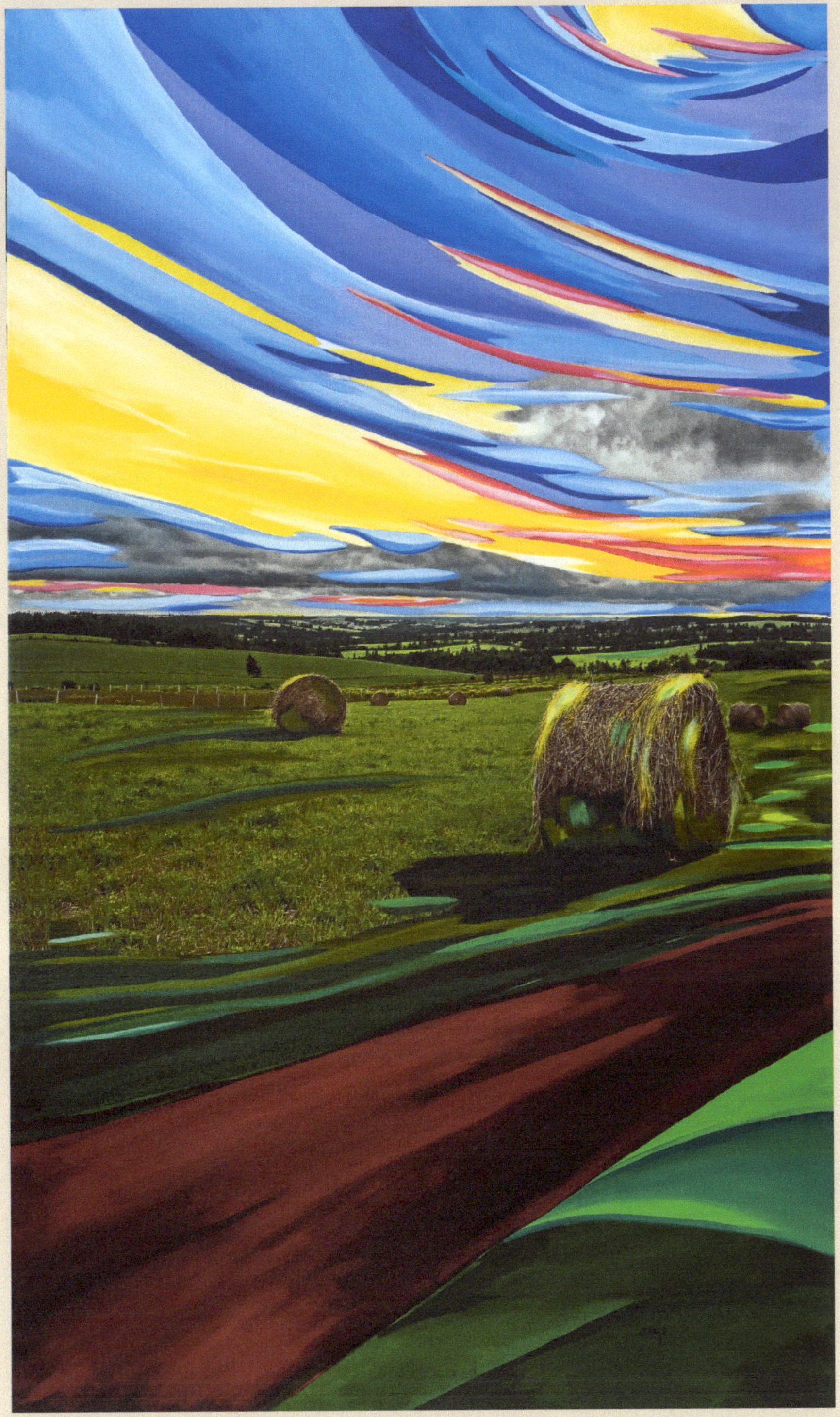

You never know what peace is until you walk on
the shores or in the fields or along the winding
red roads of Prince Edward Island in a summer
twilight when the dew is falling and the old stars
are peeping out and the sea keeps its mighty
tryst with the land.

Hilda M. Ridley

Bales of Hay
(acrylic/canvas - acrylique/toile)

Photographer:

Ray Belcourt

Artist:

Claire Chevarie

With Claire acting as guide, I traveled along the coastline on Northumberland Strait near the village of Grande-Digue in search of a seascape background for her mythical village paintings. Initially I was less than optimistic. This section of the shore had been purposely strewn with countless boulders in an attempt to prevent erosion. But Claire remained positive and reassuring. Sure enough, the ideal location, seemingly untouched by man, presented itself just around the next bend on Cap de Cocagne.

These photos, and my paintings of them, recall images of my childhood growing up by the sea. As long as I can remember, I have been inspired by the seascapes around me. An easy-going people, the Acadians for centuries have built their homes on cliffs overlooking the water. And each spring, the sandy cliffs show the ravages of our harsh winters. Nevertheless, it is a happy place to live. That, to me, represents my province of New Brunswick.

Avec Claire comme guide, je longeais la côte du Détroit du Northumberland près du village de Grand-Digue à la recherche d'un arrière-plan de mer pour peindre son village mythique. Au début, je n'étais pas vraiment optimiste. Cette section qui longe la côte avait été volontairement jonchée d'innombrables rochers dans le but d'essayer d'éviter l'érosion. Mais Claire restait positive et rassurante. Et cela n'a pas manqué, l'endroit idéal, apparemment laissé intact par l'homme, se présenta juste après le virage suivant, au Cap de Cocagne.

Ces photos, et les reproductions que j'en ai faites dans mes tableaux, rappellent des images de mon enfance au bord de la mer. Aussi loin que je peux me souvenir, j'ai toujours été inspirée par les paysages de mer autour de moi. Depuis des siècles, les acadiens, peuple qui ont la joie de vivre, construisent leurs maisons sur des falaises dominant l'eau. Et chaque printemps, ces falaises de sable montrent les ravages causés par nos rudes hivers. Cependant, c'est un endroit où il fait bon vivre. Cela, pour moi, représente ma province du Nouveau Brunswick.

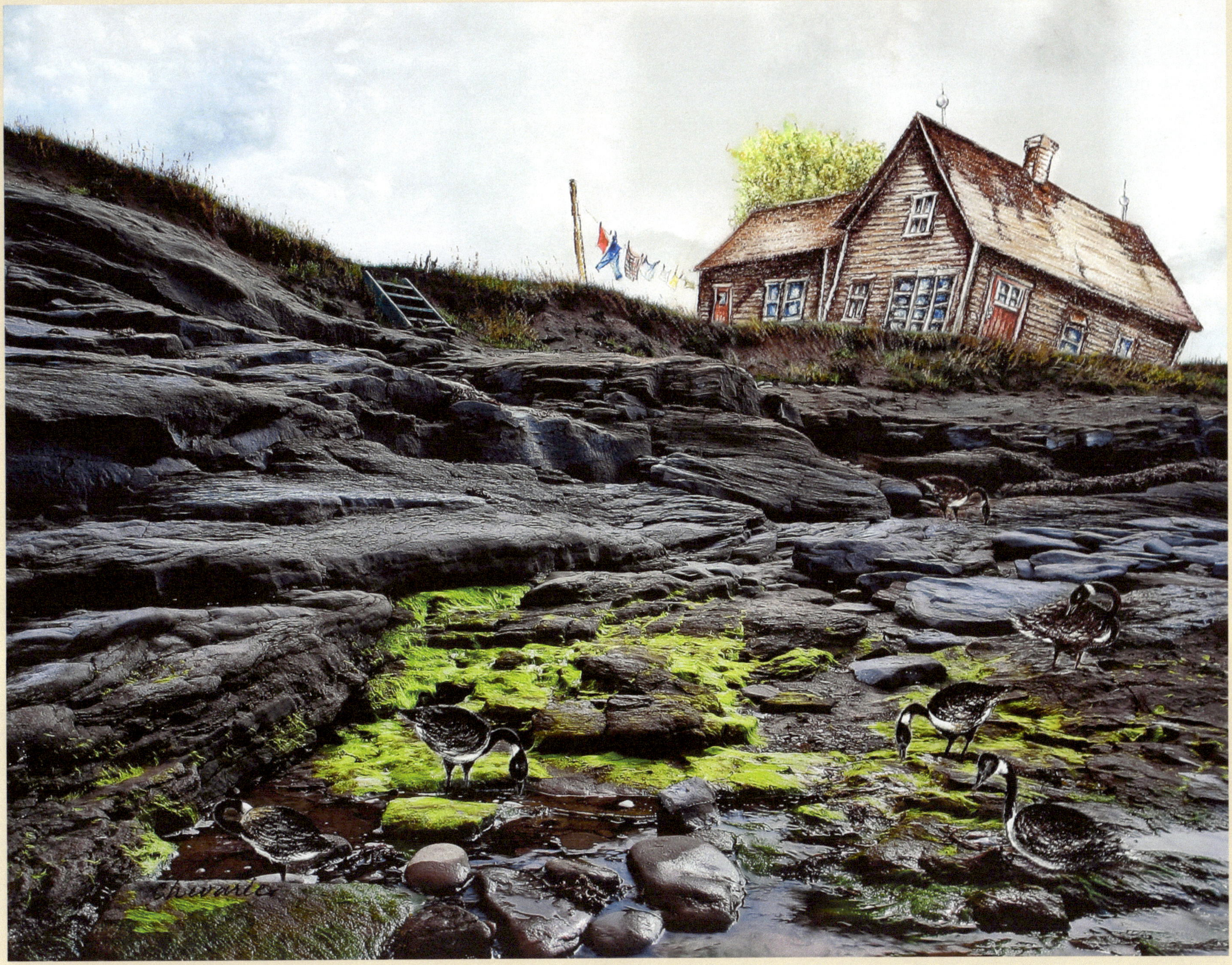

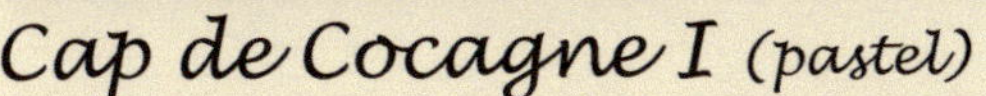

Cap de Cocagne I (pastel)

Photographer:

Ray Belcourt

Artist:

Claire Chevarie

Driving along the highway from Moncton to Shediac, New Brunswick, the pride of the Acadians is immediately apparent. Many of the homes are old, but in good repair, verandas freshly painted and front yards adorned with well-tended flower gardens. Hundreds of lobster traps are neatly stacked in rows, mended and ready for the coming season. I could not help but be drawn to this peaceful and attractive part of the country.

Conduisant le long de l'autoroute entre Moncton et Shediac au Nouveau-Brunswick, la fierté Acadienne est apparente. Bon nombre de maisons sont vieilles, mais en bonnes états, les vérandas sont fraichement peintes et les cours devant les maisons sont adornées de plates-bandes bien entretenues. Des centaines de cages à homard sont soigneusement entassées en rangées, réparées et prêtes pour la prochaine saison. J'ai été captivé par le charme attirant et paisible de cette région de la province.

(French translation reviewed by/Traduction française passée en revue près Mario Lemay.)

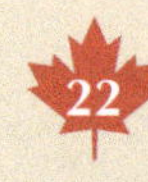

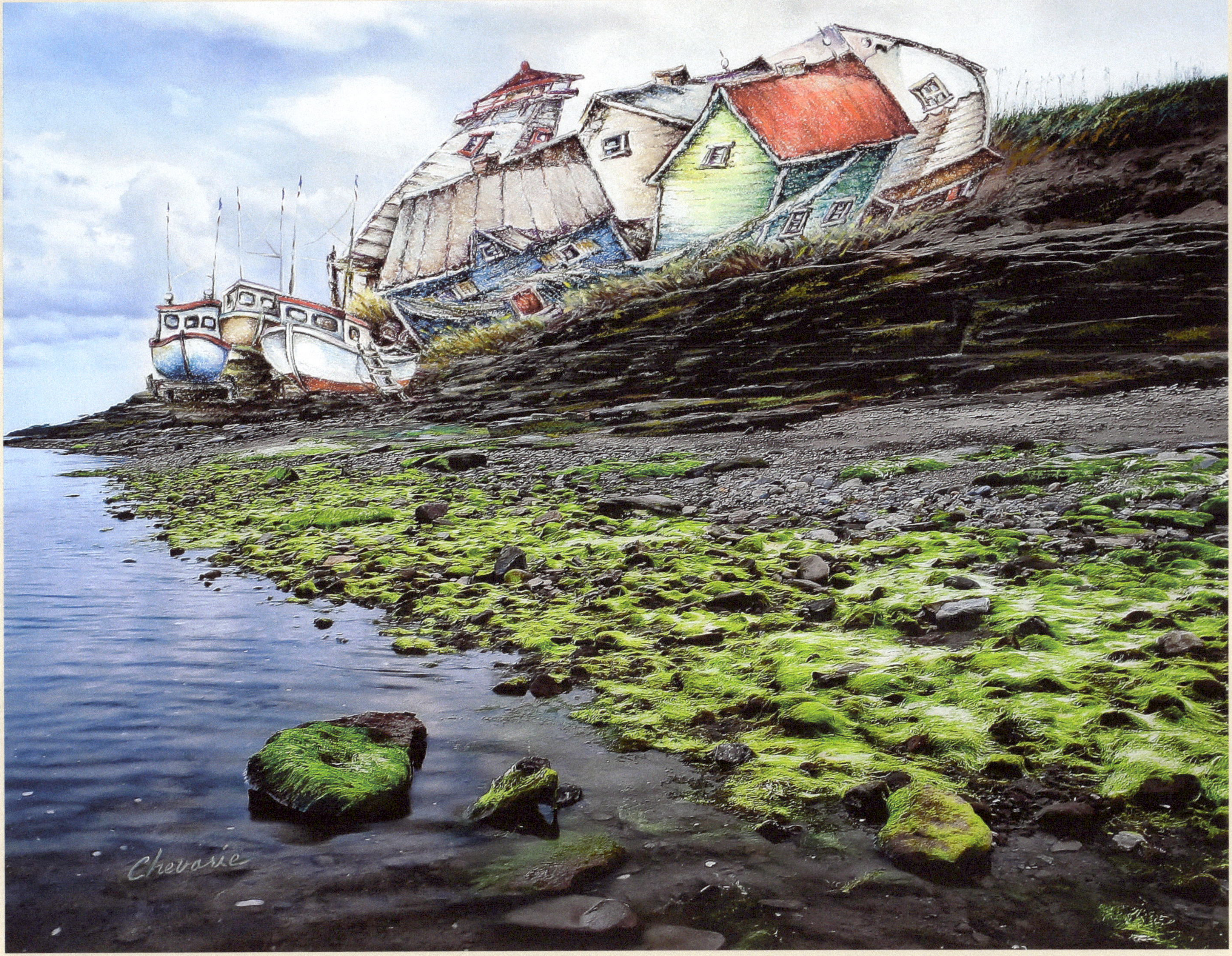

Cap de Cocagne II (pastel)

Photographer:
Ray Belcourt

Artist:
Claire Chevarie

The scenery along the Northumberland shoreline is astounding. Outstanding among my recollections, though, is the sight of the Acadian flag proudly flying above so many of the acreages along the drive. The blue, white and red tricolored flag with its yellow star is obviously a strong symbol of the love and devotion the Acadians have for their French tradition, culture and religion. These wonderful people are united in their belief in a common heritage and are proud to show it.

Le paysage le long du littoral du Northumberland est incroyable. Cependant, l'élément que je retiens dans mes souvenirs est la vue du drapeau acadien qui flotte fièrement au-dessus d'un bon nombre des acres de terrain le long du trajet. Ce drapeau tricolore bleu, blanc et rouge avec son étoile jaune est de toute évidence un symbole fort de l'amour et de la dévotion que les Acadiens ont envers leur tradition française, leur culture et leur religion. Ces gens merveilleux sont unis dans leur croyance en un patrimoine commun et sont fiers de le montrer.

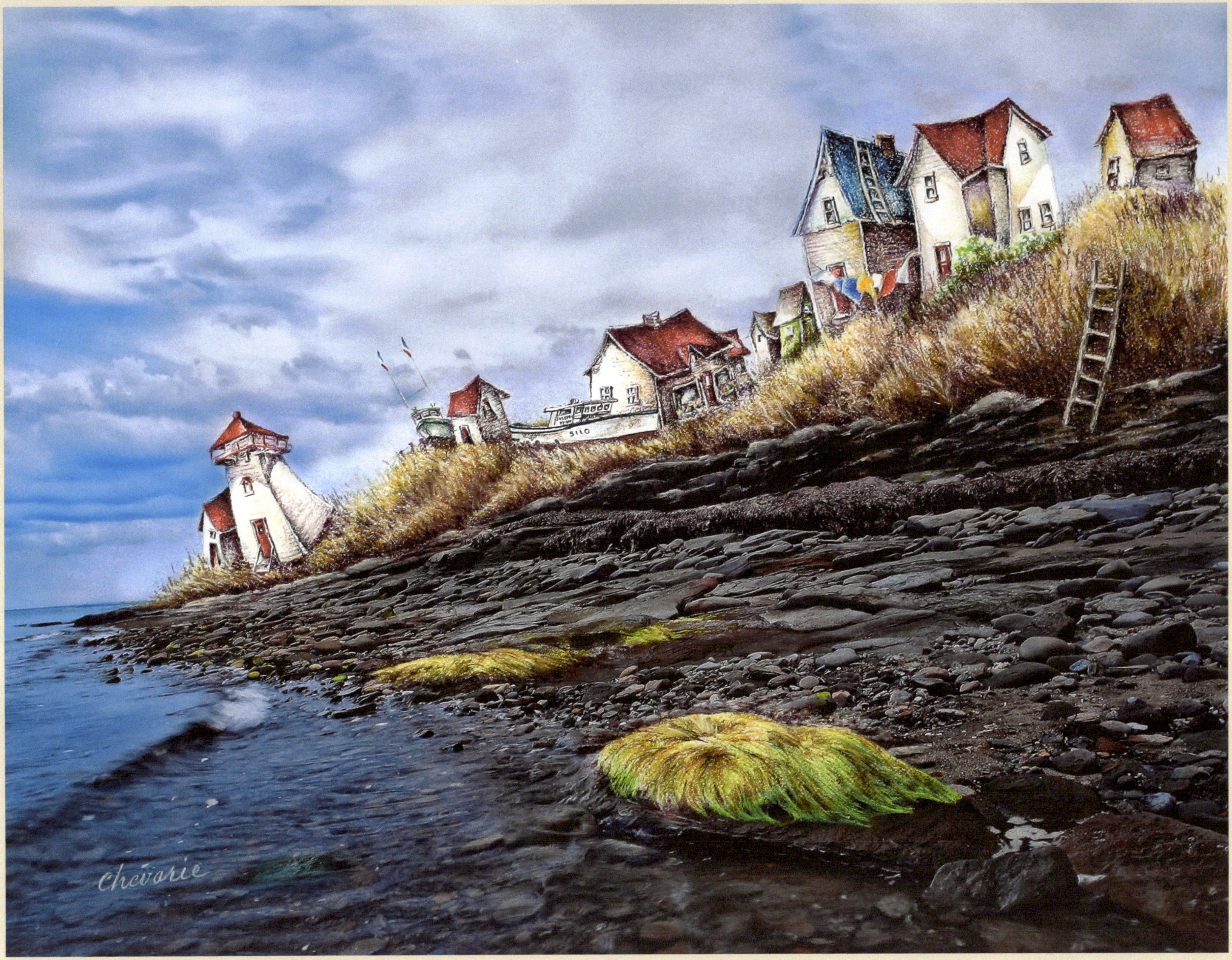

Cap de Cocagne III (pastel)

Photographer:

Ray Belcourt

Artist:

René Pike

In the pre-dawn hours, René and her husband, Marty, picked me up from the hotel and handed me a fresh cup of Timmy's coffee. We drove the Irish loop along the southern shore Highway of the Avalon Peninsula seeking the perfect photocomposition for our project. The view was spectacular—the natural beauty of the jagged cliffs and craggy shores, the endless sky extending out over the Atlantic teeming with seabirds beyond counting.

The rugged beauty of Newfoundland and Labrador has inspired much of my artwork. Growing up surrounded by ocean has been a beautiful gift. I am never more at peace than when I encounter scenes like this piece of art. It creates a great sense of pride in our strong cultural heritage as, even with the collapse of a once thriving fishery, people continue to hold on to and repair the many desolate stages that are scattered along the coastline. These stages depict the strength of character of the early settlers who called this their home despite the harsh circumstances. They represent the strength of character that I continue to see in the faces of Newfoundlanders today.

Au cours des quelques heures qui précédent l'aube, René et son mari, Marty, sont venus me chercher à l'hôtel et m'ont tendu une tasse de café Timmy fraîchement préparée. Nous avons parcouru la boucle irlandaise en longeant la côte sud par l'autoroute de la Péninsule Avalon à la recherche de l'angle de prise de vue parfait pour notre projet. La vue était spectaculaire : beauté naturelle des falaises déchiquetées, côte découpée, ciel sans fin s'étendant au-dessus de l'Atlantique envahi d'innombrables oiseaux de mer.

La beauté sauvage de Terre-Neuve et du Labrador a inspiré une grande partie de mon travail d'artiste. Grandir entourée d'un océan a été un merveilleux cadeau. Je ne me sens jamais plus en paix que lorsque je rencontre des scènes comme cette œuvre d'art. Elle crée un sens profond de fierté dans notre puissant patrimoine culturel quand, même après l'effondrement d'une pêcherie jadis prospère, les gens continuent de s'accrocher aux nombreux petits hangars délabrés qui s'éparpillent le long de la côte et les réparent. Ces petits hangars sont la preuve de la force de caractère des premiers colons qui appelaient cela leur chez-soi en dépit de la dureté des conditions de vie. Ils représentent la force de caractère que je continue de voir sur les visages des Terre-Neuviens d'aujourd'hui.

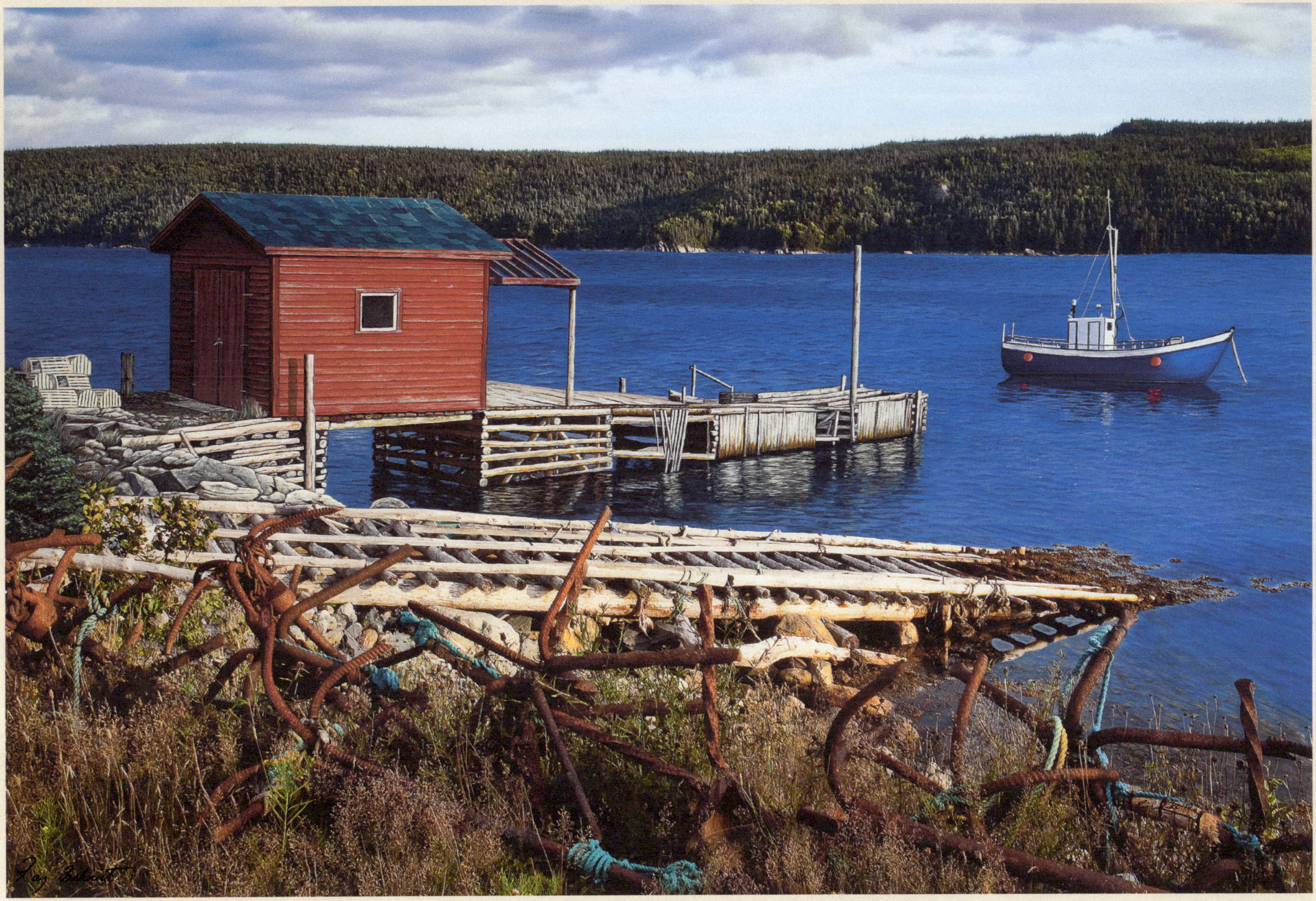

Lobster Fisherman's Hut (acrylic/canvas - acrylique/toile)

Photographer:

Ray Belcourt

Artist:

René Pike

We stopped near a charming summerhouse on a cliff overlooking the 'Ferryland Lighthouse' so I could snap a few shots of this picturesque location. Immediately welcomed by the owners, we were invited in for a tour of their little house. Later we stood on the veranda chatting and drinking Tetley Tea together as the sun set over the bay. The sole competition to the sprawling rugged beauty that is Newfoundland is embodied in the warmth, kindness and generosity of the wonderful folk who call the 'Rock' their home.

Many Newfoundlanders feel a connection to the ocean. For centuries, each generation instilled in the next a love and passion for being on the water. Yet, the power of the ocean created not only love, but loss as well. For many women, sleepless nights were spent worrying and longing for their husbands at sea. The ocean was a paradox, giving both fulfillment and emptiness. The mirage of the ship represents the hope these women felt for the safe return of their husbands.

Nous nous sommes arrêtés près d'une charmante résidence d'été sur une falaise dominant le « Phare de Ferryland », afin que je puisse prendre quelques photos de cet endroit pittoresque. Immédiatement accueillis par les propriétaires, nous avons été invités à faire un tour de leur petite maison. Plus tard, nous sommes restés sur la véranda à bavarder en buvant ensemble du thé Tetley, alors que le soleil se couchait sur la baie. Seules la cordialité, l'amabilité et la générosité de ces gens merveilleux qui appellent le « Rocher » leur chez-soi font concurrence à cette belle étendue accidentée qu'est Terre-Neuve.

De nombreux habitants de Terre-Neuve se sentent liés à l'océan. Pendant des siècles, chaque génération a inculqué à la suivante l'amour et la passion d'être sur l'eau. Cependant, le pouvoir de l'océan a créé non seulement de l'amour, mais aussi pertes de vie. Bon nombre de femmes ont passé des nuits blanches à s'inquiéter et à attendre leur mari parti en mer. L'océan était un paradoxe, qui donnait à la fois un sentiment d'accomplissement et de vide. Le mirage du bateau représente l'espoir que ces femmes éprouvaient pour le retour sain et sauf de leur mari.

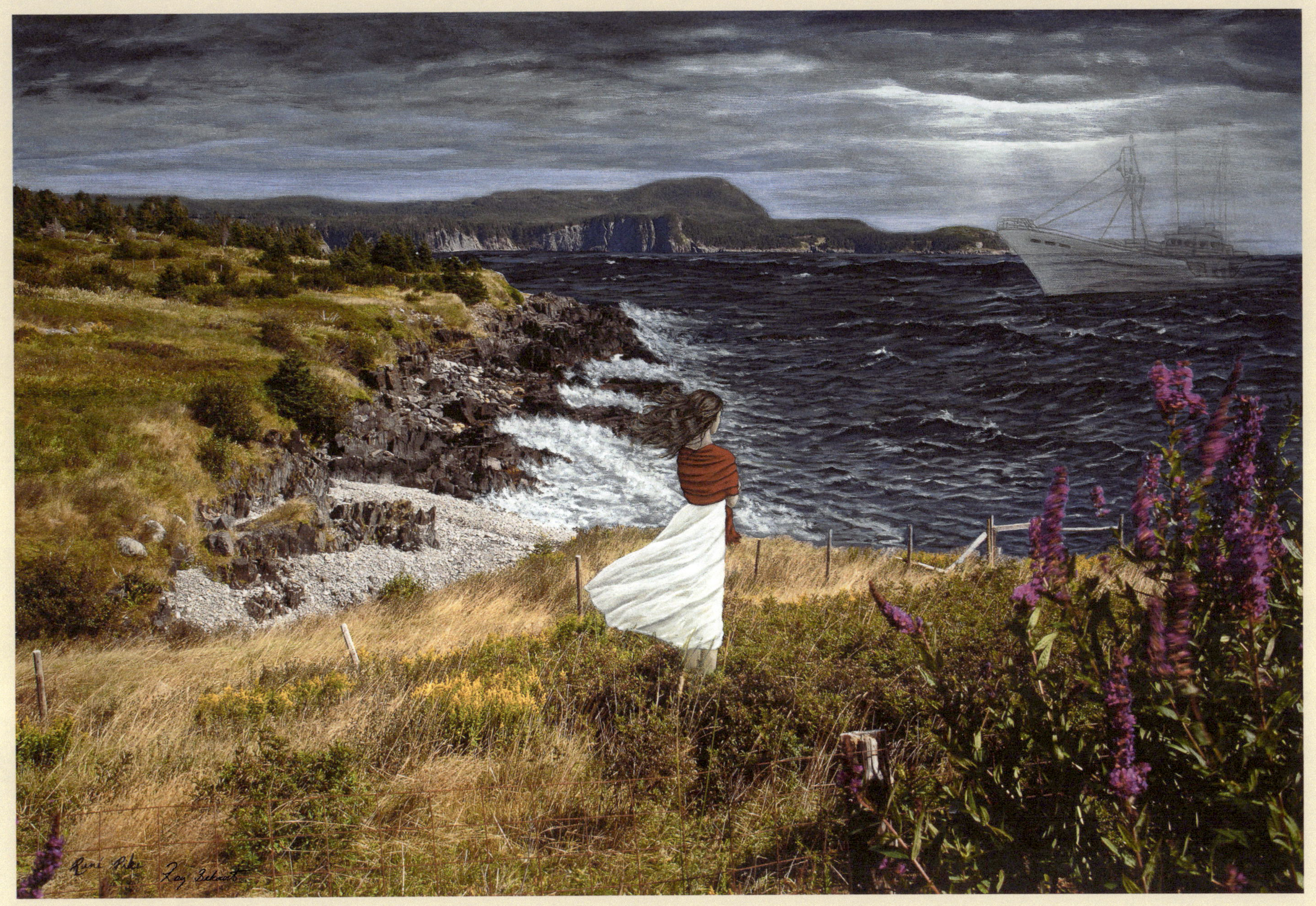

Ferryland (acrylic/canvas - acrylique/toile)

Photographer:

Ray Belcourt

When Quebec artist Lise-Marielle informed me that the photos that would represent her province could be taken across the street from her apartment, I was quite skeptical. A pleasant walk through the park, amid the diversity, beauty and peacefulness of this little urban jewel alleviated my doubts. The combination of natural environment meshed with Lise-Marielle's spiritual ceremony was a photographic treat.

Quand l'artiste québécoise Lise-Marielle m'informa que les photos qui représenteraient sa province pouvaient être prises en face de son appartement, je fus assez sceptique. Une agréable promenade à travers le parc, parmi la diversité, la beauté et la paix de ce petit joyau urbain, effaça mes doutes. L'association de l'environnement naturel et de la cérémonie spirituelle de Lise-Marielle fut un délice photographique.

Artist:

Lise-Marielle Fortin

The natural spaces in Quebec invoke in me feelings from my ancestral history but also memories of recent experiences in my life. The sound of the waterfall transports me to another dimension. I feel the presence of my ancestors and I always leave the park with a sense of peace and well-being. I am delighted to paint this peaceful space.

Les espaces naturels du Québec font resurgir en moi des sentiments qui remontent à mon histoire ancestrale, mais aussi des souvenirs d'expériences récentes de ma vie. Le bruit de la cascade me transporte vers une autre dimension. Je sens la présence de mes ancêtres et je quitte toujours le parc avec un sentiment de paix et de bien-être. Je suis ravie de peindre ce lieu paisible.

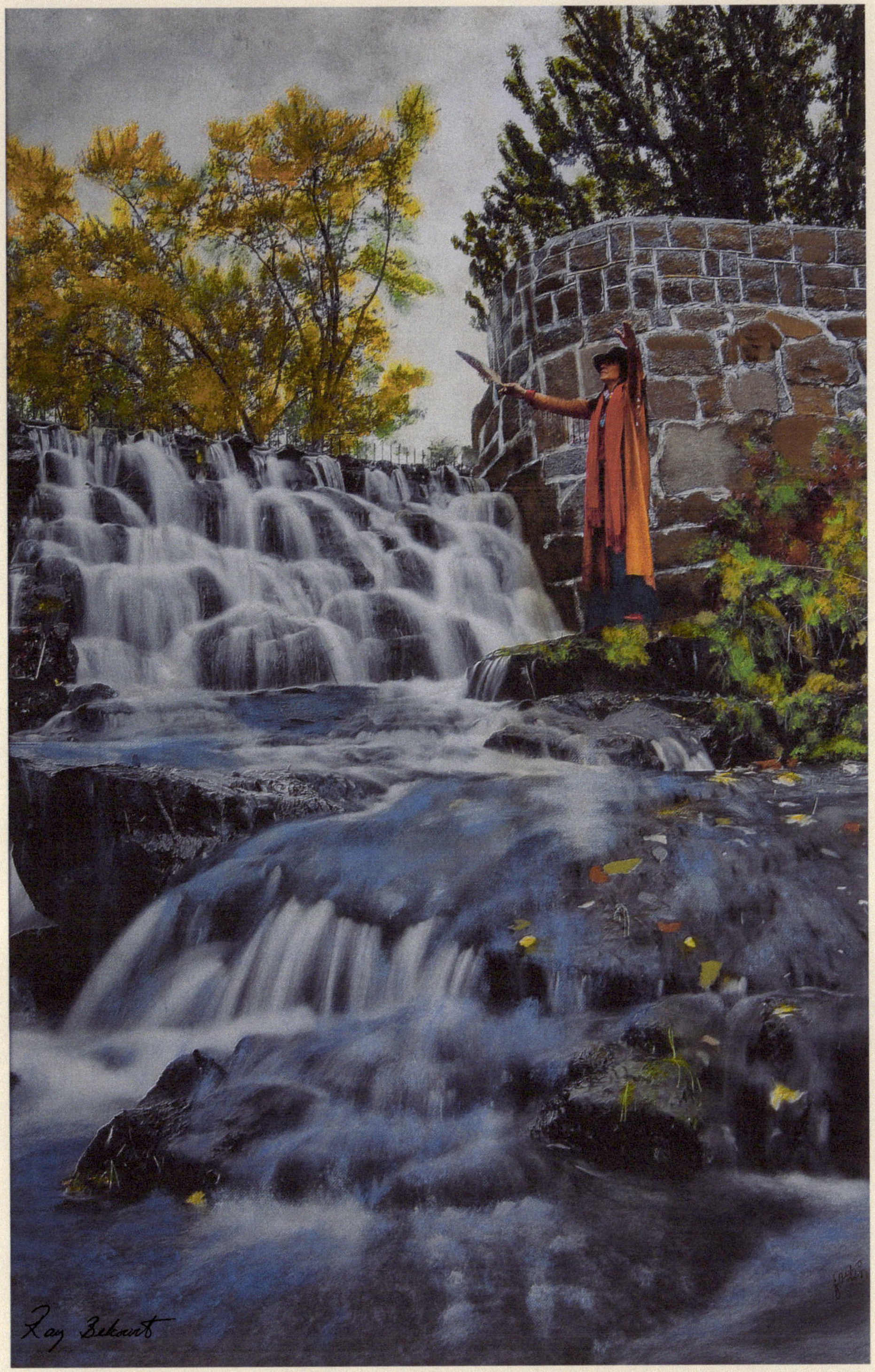

Give me a good canoe, a pair of Jibway snowshoes, my beaver, my family and ten thousand square miles of wilderness and I am happy.

Archie Belaney (Grey Owl)

Offrande au Grand Esprit

(acrylic/canvas - acrylique/toile)

Québec

Photographer:
Ray Belcourt

Artist:
Lise-Marielle Fortin

The early part of my life I spent immersed in the traditions and religious mores of French-Canadian culture. I was raised on meat pie, pigs' feet, blood sausage and baked beans. Holidays were celebrated with late night réveillons with relatives and friends drinking and belting out songs until the wee hours of the morning.

When I arrived in Quebec City, I assumed that many aspects of the culture would be similar to my own in Northern Ontario. As I walked along the rows of stone houses, shops and restaurants on Rue St-Jean, the charm of old Québec warmed my heart. The cultural overlap was not complete, though. Scurrying along a small river in Laval, I came upon a huge stone windmill, the style of structure I only imagined existed in Holland or, perhaps, in Spain. I never imagined windmills had a place in my French-Canadian heritage. Who knew?

J'ai passé la première partie de ma vie immergé dans les traditions et les mœurs religieuses de la culture franco-canadienne. J'ai été élevé avec des tourtières, des pieds de cochon, du boudin noir et des haricots blancs à la sauce tomate. On fêtait les congés avec des réveillons qui se terminaient tard en compagnie de parents et amis, en buvant et en chantant à tue-tête des chansons jusqu'au petit matin.

Quand je suis arrivé à Québec, je supposais que beaucoup d'aspects de la culture seraient semblables à la mienne dans le nord de l'Ontario. Alors que je marchais le long des rangées de maisons de pierre, des boutiques et des restaurants dans la Rue St-Jean, le charme du vieux Québec me réchauffa le cœur. Le chevauchement des cultures n'était pas complet, cependant. Alors que je courais le long d'une petite rivière à Laval, je tombai sur un énorme moulin à vent en pierre, j'imaginais que ce style de structure n'existait qu'en Hollande ou, peut-être en Espagne. Je n'avais jamais imaginé que les moulins à vent avaient une place dans le patrimoine franco-canadien. Qui l'aurait cru ?

The 'Parc du Moulin,' depicted in these two works, is very important to me because I go there to meditate, play the drum and pray. My father loved nature and now it is the source of my inner peace and creative inspirations.

The park as a spiritual dimension, difficult to define but definitely felt. Especially in autumn, I see the four elements—earth, water, air and fire—in the colors of flowers, trees and the sun on water. The spirit of the wind keeps me company, swirling to the beat of my drum!

Le Parc du Moulin, représenté dans ces deux œuvres, est très important pour moi parce que j'y vais pour méditer, jouer du tambour et prier. Mon père adorait la nature et elle est maintenant la source de ma paix intérieure et de mes inspirations créatrices.

Le parc possède une dimension spirituelle, difficile à définir, mais nettement ressentie. Surtout en automne, je vois les quatre éléments – la terre, l'eau, l'air et le feu – dans les couleurs des fleurs et le soleil sur l'eau. L'esprit du vent me tient compagnie quand il tourbillonne au rythme de mon tambour.

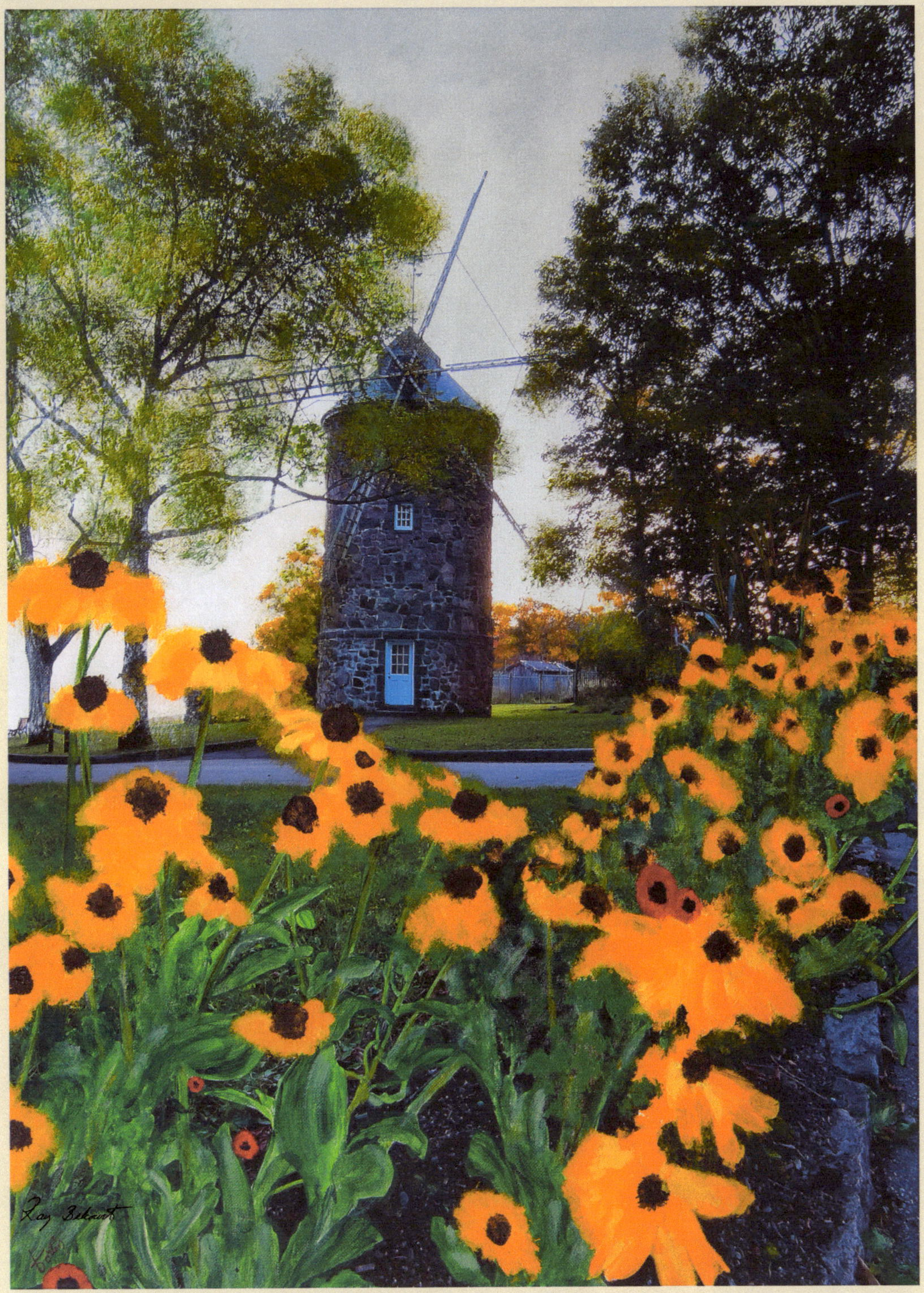

We are tremendously proud of our
cultures, heritage and achievements
and we will continue to break
new ground. I am proud to be a
Canadian and I hope you are too.

Philip K. Lee

Parc des moulins

(acrylic/canvas - acrylique/toile)

Photographer:
Ray Belcourt

Nestled below Mount St-Louis, the decrepit abandoned house is located a stone's throw from the cemetery of Hobart Memorial Church. I couldn't help but ask myself who lived here? Are the owners now buried in that same cemetery? Did their children climb the tall tree next to the house? Did they play in the hayloft in the barn? Was I trespassing? Did anybody care? Like an old grandmother, she stands tall and proud, wrinkled and scarred from a lifetime of hard work, tears, laughter and happiness. I leave the property with unexpected respect for the old gal.

Nichée au pied du Mont St Louis, cette maison délabrée et abandonnée se situe à deux pas du cimetière de l'église du mémorial Hobart. Je ne peux m'empêcher de me demander qui habitait là. Les propriétaires sont-ils maintenant enterrés dans ce même cimetière ? Leurs enfants ont-ils grimpé dans ce grand arbre à côté de la maison ? Ont-ils joué dans la grange ? Étais-je en train de m'introduire illégalement dans ce lieu ? Cela dérangeait-il quelqu'un ? Comme une vieille grand-mère, elle se dresse là, fière, ridée et balafrée après une vie de dur labeur, de larmes, de rires et de bonheur. Je quitte cette propriété avec un respect tout nouveau pour cette bonne vieille fille.

Artist:
Gisèle Crites

Somber, abandoned along stretches of our Ontario highways, many old homesteads can be seen from a distance. These are remnants of a very different lifestyle that is becoming only a faint and distant memory. One can only imagine the lives, the families, the daily routines that made this house a home.

À une certaine distance des autoroutes de l'Ontario, on peut voir plusieurs fermes abandonnées. Elles sont un vestige d'un mode de vie différent qui tant à s'effacer de la mémoire. On ne peut que s'imaginer les vies, les familles et les routines quotidiennes qui transformaient cette maison dans un foyer chaleureux.

(French translation reviewed by/Traduction française passée en revue près Mario Lemay.)

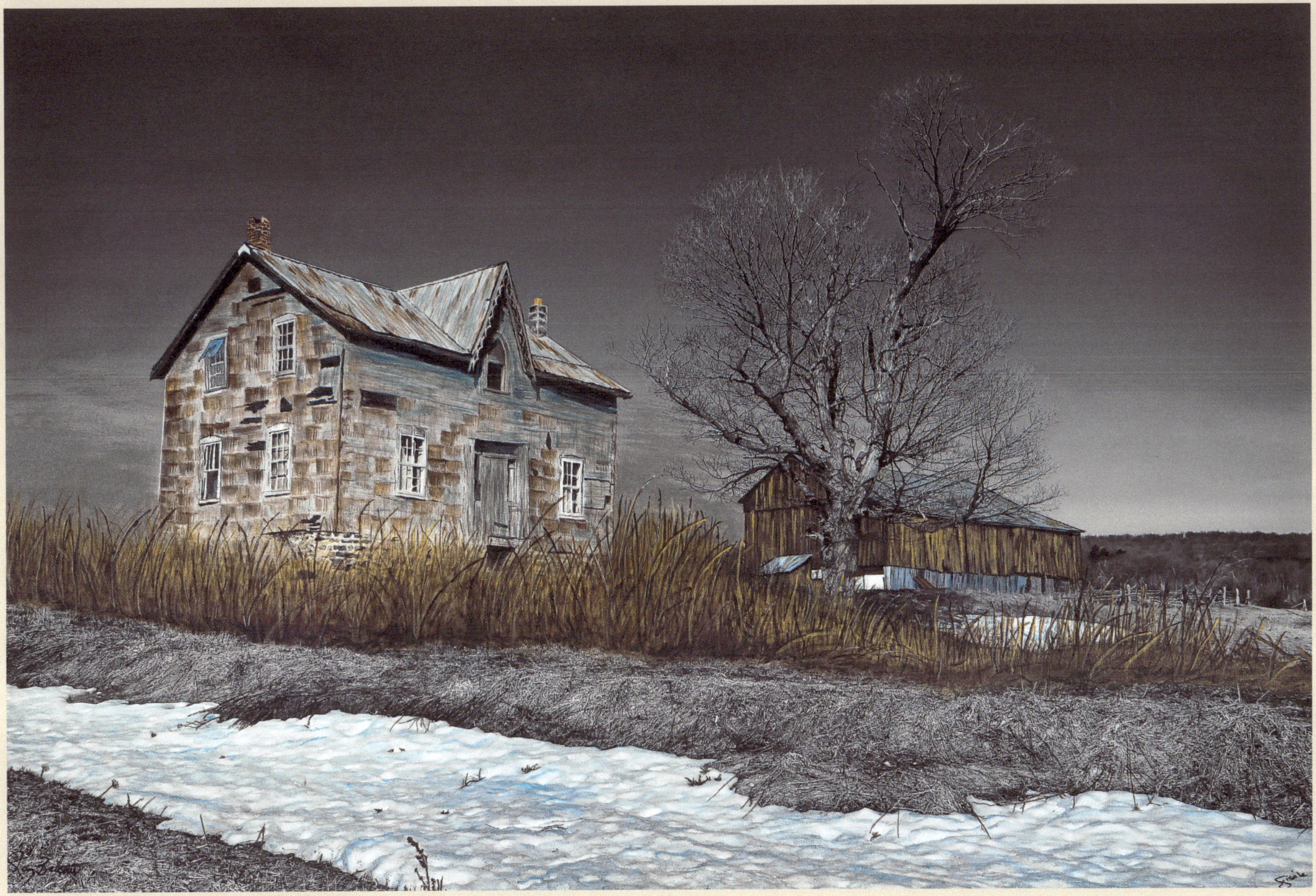

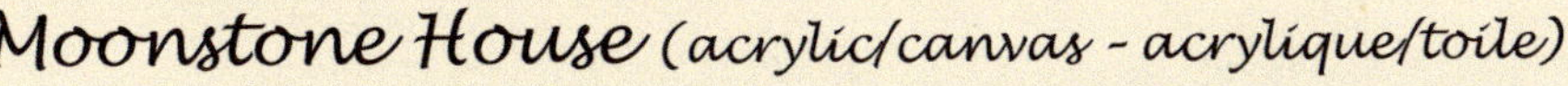

Moonstone House (acrylic/canvas - acrylique/toile)

Photographer:

Ray Belcourt

My drive south along scenic Hwy 69 from Sudbury, Ontario in search of a fall scene was a photographer's delight. The Canadian Shield, blanketed by its boreal forest of fiery reds, brilliant golds and rusty browns, was in full autumn splendor. A charming cottage nestled among the pine and birch trees along the shore of Key River caught my eye. To get a better angle, I scrambled through the forest, my senses overwhelmed by the crunch and rustle of decaying leaves under my feet, the sweet smell of pine needles and the crisp blue of the near-cloudless sky. The vivid foliage reflected in the flowing river gave new meaning to the term 'watercolors.' Like many of my landscapes, this photo never fails to remind me of the magnificence of this country.

Mon voyage à partir de Sudbury dans l'Ontario le long de la route pittoresque 69 Sud, à la recherche d'un paysage d'automne, fut le rêve du photographe. Le Bouclier Canadien, recouvert de sa forêt boréale de rouges flamboyants, d'ors éclatants et de bruns rouille, était au sommet de sa splendeur automnale. Un charmant petit chalet niché au milieu des pins et des bouleaux le long des rives de la rivière Key attira mon regard. Afin d'obtenir un meilleur angle, je me frayai un passage à travers la forêt, tous mes sens submergés par le craquement et le bruissement des feuilles mortes sous mes pieds, la douce odeur des aiguilles de pin et le bleu clair d'un ciel presque sans nuages. Le feuillage intense qui se reflétait dans le courant de la rivière donnait un sens nouveau au terme « aquarelles ». Comme beaucoup de mes paysages, cette photo ne manque jamais de me rappeler la magnificence de ce pays.

Artist:

Gisèle Crites

For the past eleven years I have been traveling monthly the same route from Oshawa to Sudbury. I never cease to be amazed at how the landscape still captivates my interest and I find myself in awe of the beauty of the ever-changing scenery of Northern Ontario. I feel the stress of everyday life slip away as I make my way along this asphalt route winding itself through the ruggedness of each rock wall. The beauty of the majestic pines, each as unique as a thumb print, displaying their distinctive characters. A feeling of freedom envelops me as the city disappears in my rear view mirror and I escape into the open spaces of the lakes and fields.

With every season, the very same landscape assumes a completely different appearance, one I have come to know very well and never disappoints. In all its glory, this northern landscape is a constantly varying canvas waiting for whoever wishes to take a moment to embrace it.

Tous les mois, depuis onze ans, j'effectue le même trajet entre Oshawa et Sudbury. Jamais je ne cesse d'être surprise de la façon dontle paysage continue de captiver mon intérêt et je reste en admiration devant la beauté de ce décor en perpétuel changement qu'offre le Nord de l'Ontario. Je sens le stress du quotidien s'éloigner au fur et à mesure que je parcours cette route d'asphalte qui serpente à travers la rugosité de chaque mur de rocher. La beauté de ces pins majestueux, chacun aussi unique qu'une empreinte de pouce, est révélée par leur caractère bien particulier. Un sentiment de liberté m'envahit quand la ville disparaît dans mon rétroviseur et je m'évade vers les grands espaces de lacs et de champs.

Chaque saison, le même paysage revêt un aspect complètement différent, celui que j'ai appris à très bien connaître et qui ne déçoit jamais. Dans toute sa splendeur, ce paysage du nord est une toile qui varie constamment et attend quiconque souhaite lui consacrer un moment pour jouir de la vue.

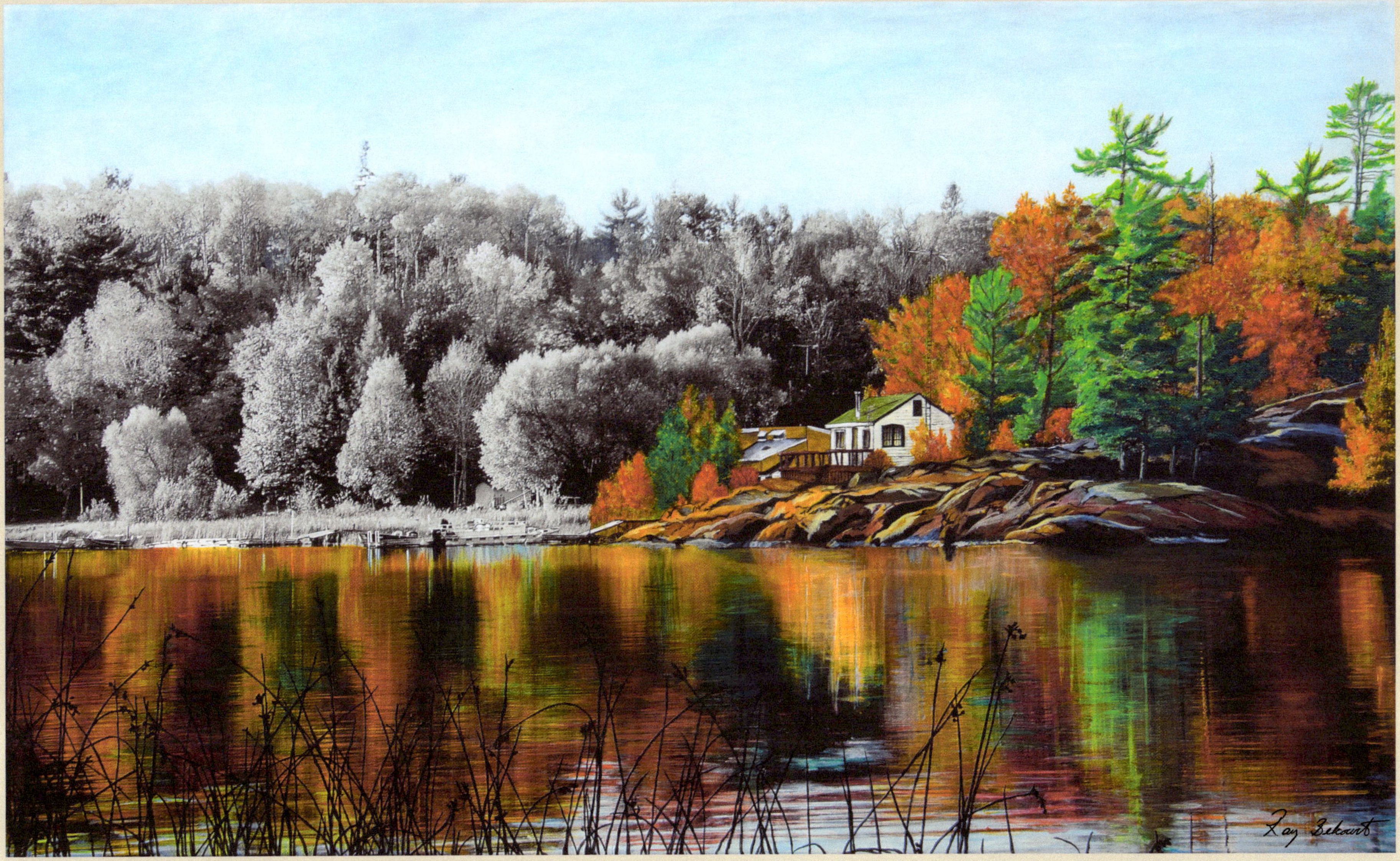

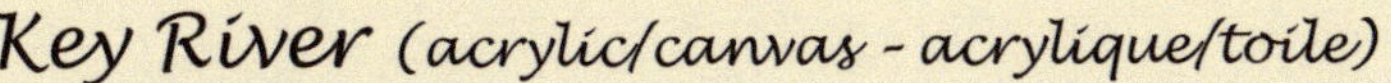

Key River (acrylic/canvas - acrylique/toile)

Manitoba

Photographer:

Ray Belcourt

Artist:

Roman Gierek

Beautiful Saint-Boniface Basilica in the historical French section of Winnipeg was an interesting photographic challenge. A long, wide stone path leads across the front terrace to the grand entrance of the Basilica, an ornate facade that, over the years, has survived several fires. The terrace is overgrown by trees and contains hundreds of tombstones marking the final resting places of clergy and religious, early explorers and settlers, including Louis Riel—founder of the Province of Manitoba and defender of the rights of both Métis and French Canadians. (continued)

From the human perspective, the Red River and the Saint-Boniface Basilica are two very different symbols of Winnipeg and the Province of Manitoba. The one seems almost eternal, changing so slowly over time as to appear immutable—until the advent of an extreme flood season! On the other hand, sadly, the Basilica has significantly deteriorated in the last hundred years and will all too soon become lost in the past. To a certain extent, I view the results of my efforts in similar light. I am trying to preserve for the future my conception of the past and present in media that are inherently fragile and subject to disintegration.

La belle Basilique Saint-Boniface du quartier historique français de Winnipeg fut un défi photographique intéressant. Un long et large chemin de pierre conduit, à travers le parvis, à la grande entrée de la basilique, façade richement ornée qui, au fil des années, a survécu à plusieurs incendies. Le parvis est envahi par des arbres et contient des centaines de tombes qui marquent les derniers lieux de repos du clergé, de croyants et des premiers explorateurs et colons, y compris Louis Riel, Le Père du Manitoba et défenseur des droits des métis et des canadiens français. (continué)

D'un point de vue humain, la Rivière Rouge et la Basilique Saint-Boniface sont deux symboles très différents de Winnipeg et de la Province du Manitoba. La première semble presque éternelle et change si lentement au cours du temps qu'elle paraît immuable, jusqu'à l'arrivée de terribles inondations. D'un autre côté, malheureusement, la Basilique a subi de sérieux dommages au cours des cent dernières années et se perdra bien trop vite dans le passé. Dans une certaine mesure, je considère les résultats de mes efforts sous un éclairage semblable. J'essaie de garder pour l'avenir ma conception du passé et du présent sur des supports qui sont, par nature, fragiles et soumis à la détérioration.

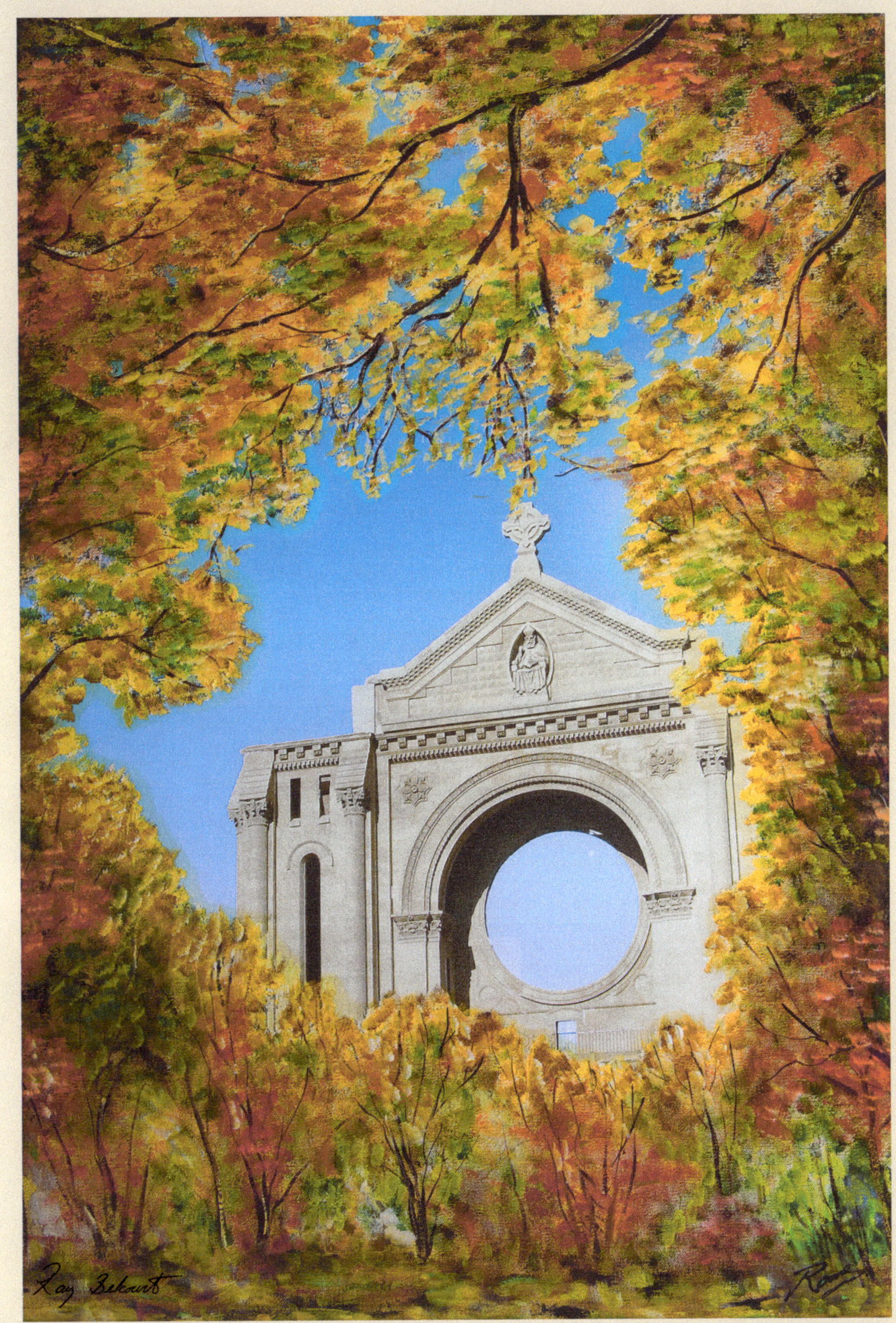

Canada is probably the most free country in the world where a man still has room to breathe, to spread out, to move forward, to move out, an open country with an open frontier. Canada has created harmony and cooperation among ethnic groups, and it must take this experience to the world because there is yet to be such an example of harmony and cooperation among ethnic groups.

Valentyn Moroz

Saint-Boniface Cathedral
(oil/canvas - huile/toile)

Photographer:

Ray Belcourt

Artist:

Roman Gierek

I wanted to capture the grandeur and style of this French Romanesque architecture from an angle other than the obvious frontal shot. I wandered the property for hours, but could not find a satisfying perspective unobstructed by the many tree limbs. As my frustration peaked, it occurred to me that the church does not exist separate from its surroundings. So I included the trees, framing the facade through their branches.

I have lived beside the Red River for many years and have experienced the power of its spring deluge and the beauty of its calm flow in the summer. When I was in my early teens, my friends and I would often ride our bicycles to its shore and visit the famous St Boniface Basilica. We would go fishing and cool ourselves with a dip in the river. The Esplanade Riel Bridge, a beautiful structure that graces the Winnipeg skyline now, crosses our childhood fishing hole. All things unchanging, change. In retrospect I suppose our lives were as integral to the Red River as the architecture along its shores.

Je voulais capturer la grandeur et le style de cette architecture française romane d'un angle autre que l'habituelle prise de vue de face. Je parcourus la propriété pendant des heures, mais ne parvins pas à trouver une perspective satisfaisante qui ne soit pas obstruée par les nombreuses branches des arbres. Au plus haut de ma frustration, il me vint à l'idée que l'église n'existe pas en dehors de son environnement. J'y inclus donc les arbres et cadrai la façade à travers les branches.

Je vis au bord de la Rivière Rouge depuis de nombreuses années et j'ai connu la puissance de son déluge de printemps et la beauté du calme de son écoulement en été. Jeunes adolescents, mes amis et moi, nous nous rendions souvent sur sa rive à bicyclette et visitions la célèbre Basilique St Boniface. Nous allions à la pêche et nous rafraîchissions en plongeant dans la rivière. Le Pont Esplanade Riel, belle structure qui embellit la ligne d'horizon de Winnipeg, traverse maintenant le lieu de pêche de notre enfance. Tout ce qui est inchangé finit par changer. Rétrospectivement, je suppose que nos vies faisaient autant partie intégrante de la Rivière Rouge que l'architecture le long de ses rives.

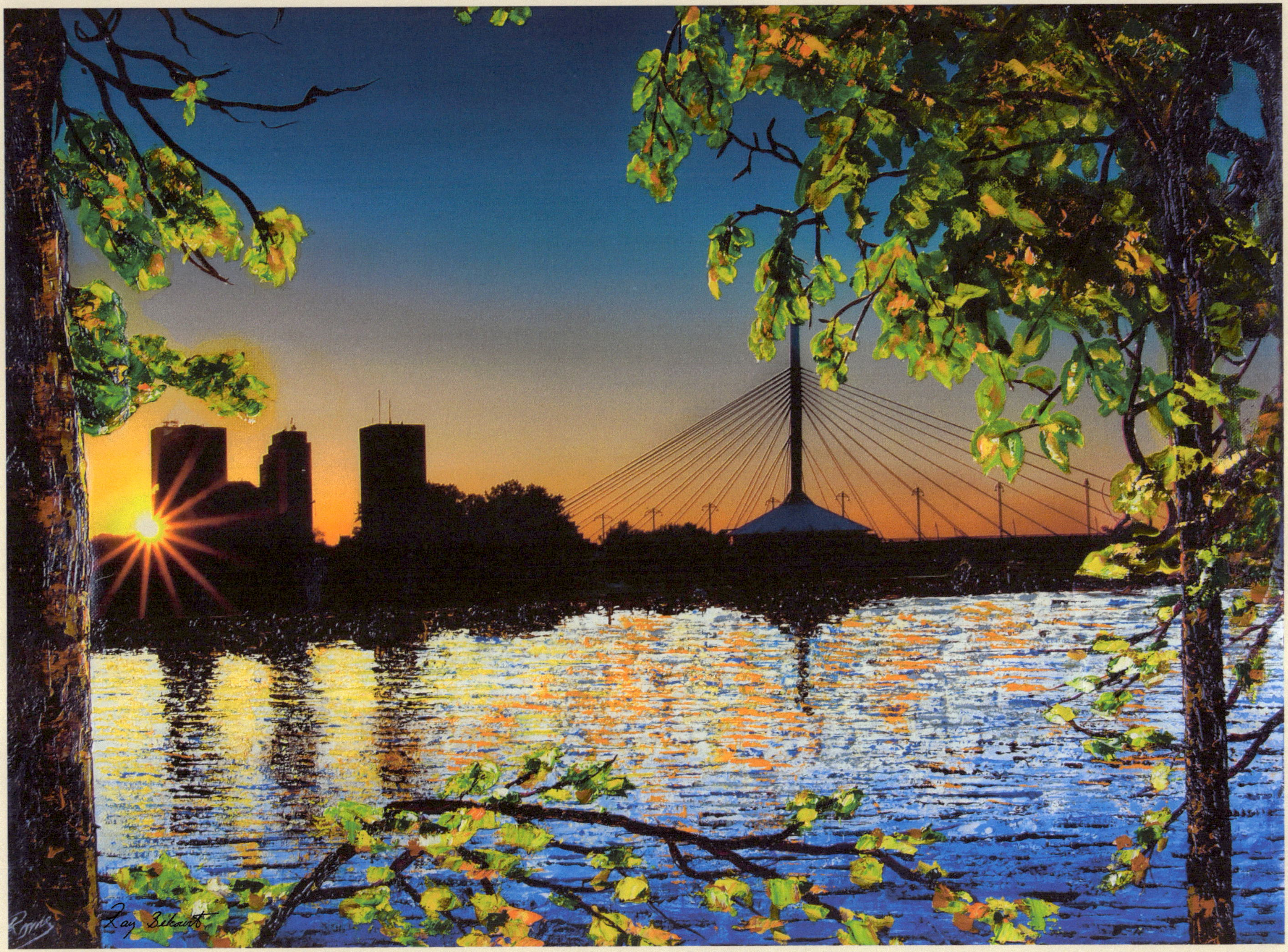

Winnipeg Sunset (oil/canvas - huile/toile)

Photographer:

Ray Belcourt

Artist:

Norm Krogstad

Ovide's old family barn, with its elaborate vents, stands as a monument and a landmark outside the prairie town of Gallivan, Saskatchewan. My friend, Jack, and I were taking landscape photos in the area and decided to drop in and visit his cousin. As we were about to leave, Jack asked if he could remove the ornate roof vents from the barn before the structure collapses. His cousin thought for a second and answered 'no.' He never explained why and Jack never asked. I sensed his cousin wanted the old barn to go down with dignity with all of its parts intact.

The weathered old barn (still standing) is emblematic of the craftsmanship and determination of the pioneers who came to our province and developed their farms through hard work and pride. They came to raise their families, build our country and keep it strong.

La vieille grange familiale d'Ovide, avec ses aérations complexes, se dresse tels un monument et un point de repère à l'extérieur de la ville de prairie de Gallivan dans la Saskatchewan. Mon ami Jack et moi-même prenions des photos de paysages dans la région et avons décidé de rendre une petite visite à son cousin. Alors que nous étions sur le point de partir, Jack demanda s'il pouvait enlever les aérations ornées du toit de la grange avant que la structure ne s'effondre. Son cousin réfléchit pendant une seconde et répondit « non ». Il n'expliqua jamais pourquoi et Jack ne demanda jamais. J'eus le sentiment que son cousin voulait que la vieille grange s'effondre avec dignité en gardant toutes ses parties intactes.

Cette vieille grange usée par les intempéries (et toujours debout) est emblématique du travail artisanal et de la détermination des pionniers qui arrivèrent dans notre province et firent prospérer leurs fermes par un dur labeur et de la fierté. Ils vinrent élever leur famille, construire notre pays et le rendre fort.

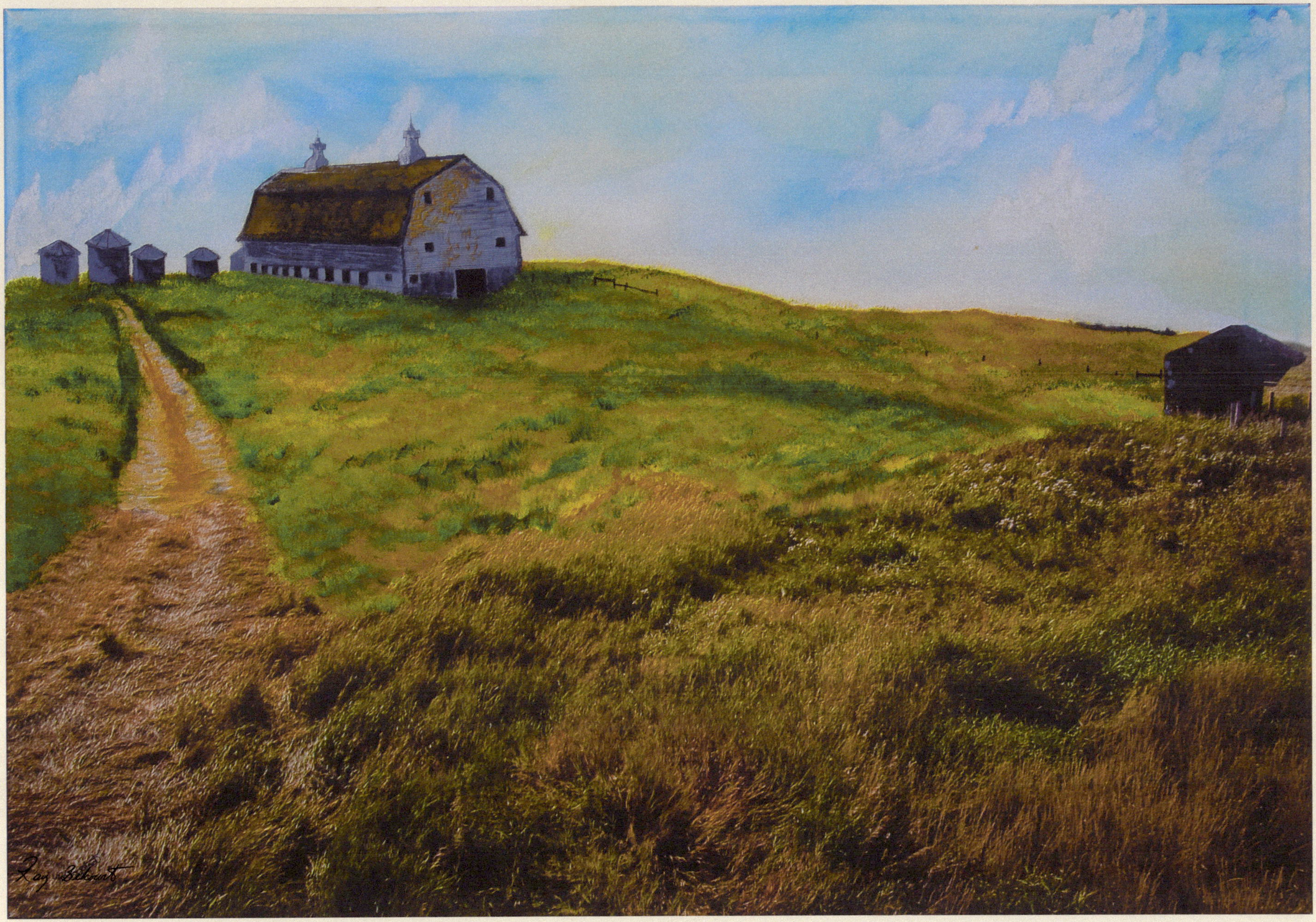

Ovide Barn (oil/canvas - huile/toile)

Saskatchewan

Photographer:
Ray Belcourt

Artist:
Norm Krogstad

One evening, Jack and I patiently waited for the autumn sunset to paint a rural Saskatchewan horizon. To my dismay, as the sky transformed into a glorious sunset, the old abandoned shed was being cast into darkness, loosing detail and dimension. A lifetime of standing under scalding summer suns, bitterly cold winters and pounding rain and hail of thunderstorms had taken its toll on the wooden boards and frame. To capture a simple silhouette against the evening sky would be such a shame. The sun was setting quickly so we had to act fast. Jack hopped into the half-ton and maneuvered to cast the headlights on the building. I yelled for high-beams, which provided just enough illumination to draw out the character of the weathered walls. I smiled—a keeper!

With the passage of time, these remnants are disappearing, but the wide open spaces and skies still can't help but inspire.

Un soir, Jack et moi attendions patiemment que le soleil d'automne se couche pour peindre l'horizon dans la campagne de la Saskatchewan. À mon grand désarroi, alors que le ciel se transformait en un splendide coucher de soleil, je vis la vieille remise abandonnée s'assombrir et perdre ses détails et ses dimensions. Toute une vie passée sous le soleil torride de l'été, dans le froid cinglant de l'hiver et sous le martèlement de la pluie et de la grêle des orages avait causé quelques dommages à ces planches et à cette charpente en bois. Capturer uniquement une silhouette qui se détache sur un ciel du soir serait vraiment dommage. Le soleil se couchait rapidement de sorte que nous devions agir vite. Jack sauta dans le camionnette et manœuvra afin de diriger les phares vers le bâtiment. Je hurlai pour qu'il mette les pleins phares, ce qui nous procura juste assez de lumière pour bien faire ressortir le caractère de ces murs usés par les intempéries. Je souris – génial !

Le temps qui passe a effacé ces vestiges, mais ces vastes espaces à ciel ouvert ne peuvent que nous inspirer encore.

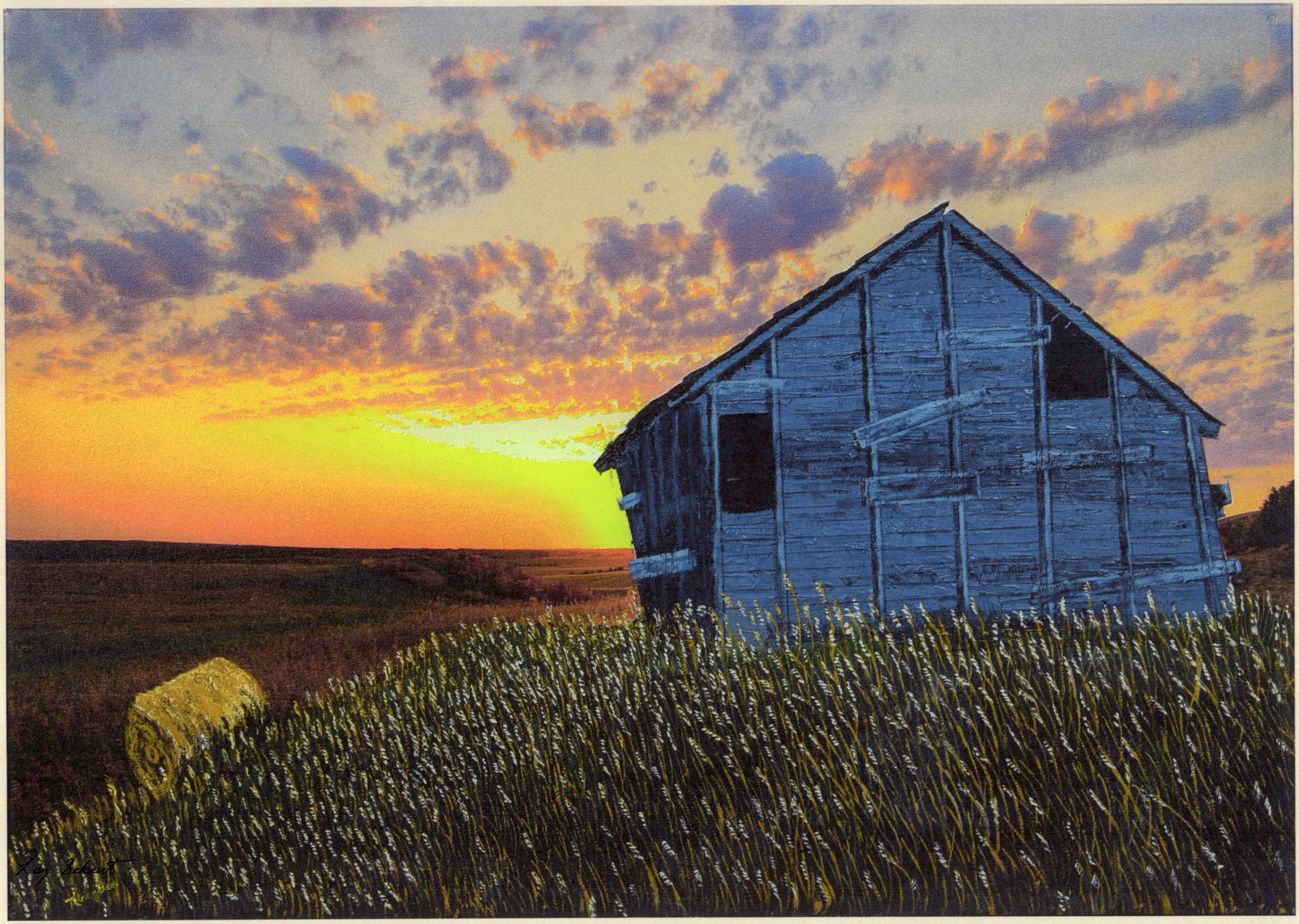

Milty's Barn (oil/canvas - huile/toile)

Photographer:

Ray Belcourt

Artist:

Darlene Adams

One trip to Lake Louise, I decided to hike up to the Lake Agnes Tea House, a little over 3 kms away and 350 meters higher in elevation. I stumbled along the switchbacks, stopping on the trail to catch my breath and enjoy the view. I met an old man sitting in the moss next to the trail mumbling over and over, in a strong German accent, "beautiful, just so beautiful." He said he had traveled all over the world, but had never experienced so much beauty in one place. With pride and a new appreciation for my country, I turned to the gentleman and said, "Thank you." More than once since that day, I have contemplated the irony, needing someone from another country to bring into focus for me the wonder that is my country.

Lake Louise has long been appreciated as one of the 'jewels of Alberta' and the painting speaks for itself. Almost everyone who comes to visit Alberta wants to see our incredible Rockies. And one of the 'must-sees' is Louise. I paint with feeling—the feeling that I get when I have a subject in mind. Using oils and lots of movement allows me to feel the subject, and the texture makes it come alive. I am very proud to have had the great opportunity to paint this entrancing lady.

Au cours d'un voyage à lac Louise, je décidai d'entreprendre une randonnée jusqu'au Salon de thé de lac Agnes, à un peu plus de 3 km de distance et 350m d'altitude. Je trébuchai le long du sentier en lacets, m'arrêtant afin de reprendre mon souffle et de profiter de la vue. Je rencontrai un vieil homme assis sur la mousse au bord du sentier qui sans cesse marmonnait avec un fort accent allemand : « Magnifique, tout simplement magnifique ». Il disait avoir voyagé dans le monde entier, mais n'avoir jamais ressenti autant de beauté en un seul et même endroit. Avec fierté et un regard nouveau sur mon pays, je me tournai vers cet homme et dis : « Merci ». Plus d'une fois depuis ce jour, j'ai réfléchi à cette ironie qui fait que j'ai eu besoin de quelqu'un d'un autre pays pour mettre en valeur l'aspect merveilleux de mon pays.

Le Lac Louise est depuis longtemps apprécié comme l'un des « joyaux de l'Alberta » et à regarder le tableau, c'est évident. Presque tous ceux qui viennent visiter l'Alberta veulent voir nos incroyables Rocheuses. Et l'un des « incontournables », c'est Louise. Je peins avec émotion, l'émotion que je ressens quand j'ai un sujet en tête. L'usage d'huiles et de nombreux mouvements me permet de ressentir le sujet, et la texture lui donne vie. Je suis très fière d'avoir eu l'occasion de peindre cette fascinante dame.

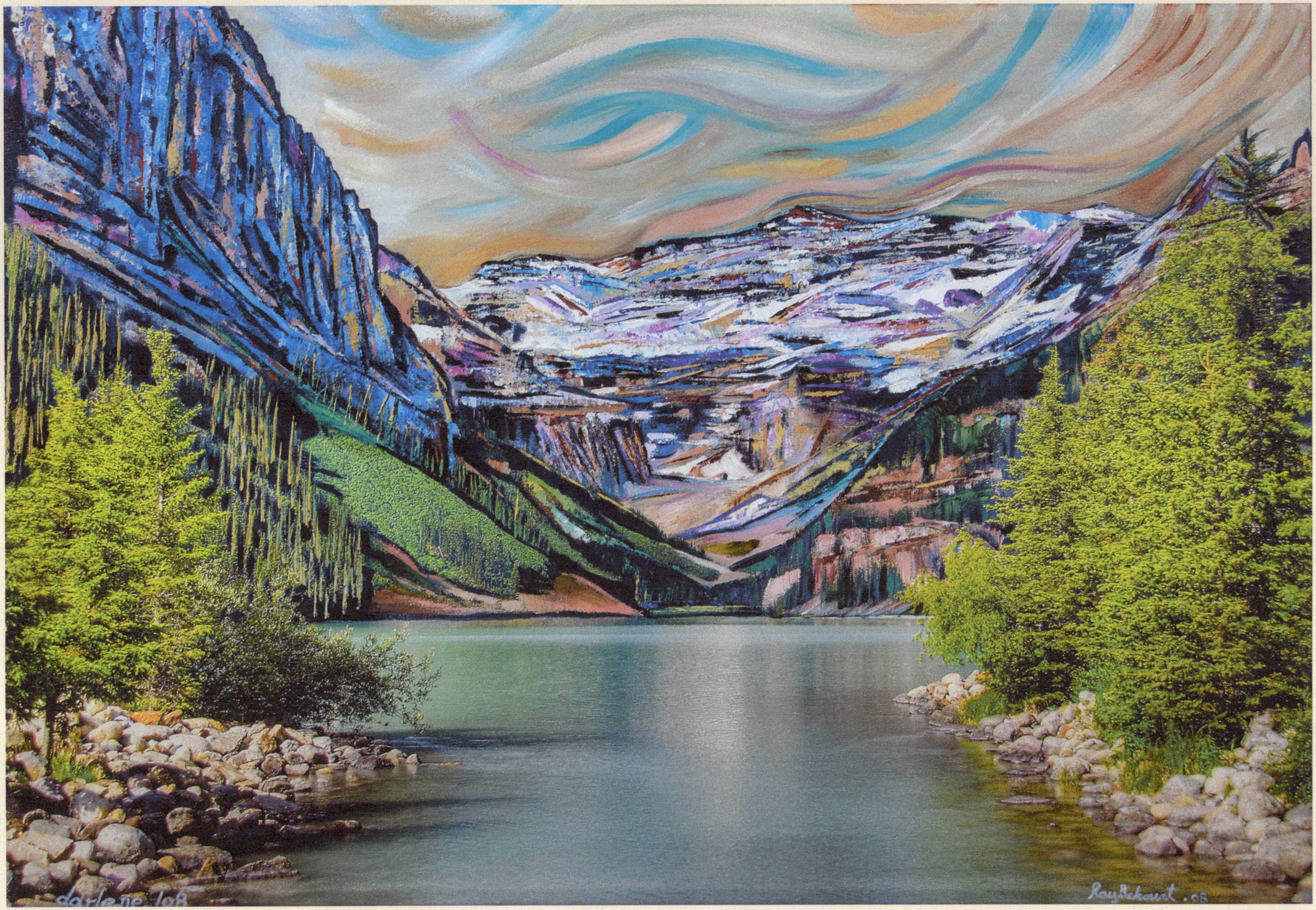

Lake Louise (oil/canvas - huile/toile)

Photographer:
Ray Belcourt

Artist:
Darlene Adams

Peace of mind, beauty and serenity sum up the Rocky Mountains, in my mind. Banff National Park is my playground and, even after many years of hiking in the area, I am still in awe of its pristine majesty. Mount Rundle, overlooking the town of Banff, has been photographed thousands of times under every weather condition. How could I possibly offer something original? I set up my equipment along the shoreline of Vermillion Lake and waited. As the evening's golden light draped the mountain, the wind calmed, transforming the lake into a mirror reflecting the surrounding splendor. Coyly, already envisioning Darlene Adams' interpretation, I snapped the photo.

When I saw Ray's glorious photo of Mount Rundle, I was in awe! The profound beauty of that majestic mountain, some say the most recognized in all of the Canadian Rockies, filled me with a profound inner peace. Painting her was more feeling than conscious act. Each brushstroke and layering of paint, guided by my fingertips, captured a moment, one that could never be repeated. Afterward, I looked with amazement at the completed canvas. Indeed, this to me is Rundle

Splendeur, beauté et sérénité résument, à mon avis, les Montagnes Rocheuses. Le Parc National de Banff est mon terrain de jeu et, même après avoir effectué, pendant des années, de nombreuses randonnées dans la région, je suis toujours grandement impressionné par sa majesté immaculée. Le Mont Rundle, qui domine la ville de Banff, a été photographié des milliers de fois dans des conditions météorologiques les plus diverses. Comment pourrais-je offrir quelque chose d'original ? J'installai mon équipement au bord du Lac Vermillion et attendis. Alors que la lumière dorée du soir drapait la montagne, le vent se calma et transforma le lac en un miroir réfléchissant cette splendeur ambiante. D'humeur malicieuse et faussement modeste, imaginant déjà l'interprétation de Darlene Adams, je pris la photo.

Quand je vis la magnifique photo de Ray du Mont Rundle, je fus émerveillée ! La beauté profonde de cette majestueuse montagne, certains disent la plus reconnue de toutes les Rocheuses canadiennes, me remplit d'une paix intérieure profonde. La peindre relevait plus de la sensibilité que de l'acte conscient. Chaque coup de pinceau et chaque couche de peinture, guidés par le bout de mes doigts, capturaient un instant, un de ceux qu'on ne pourrait jamais reproduire. Après, j'ai regardé avec étonnement la toile terminée. Pour moi, ceci est bien Rundle.

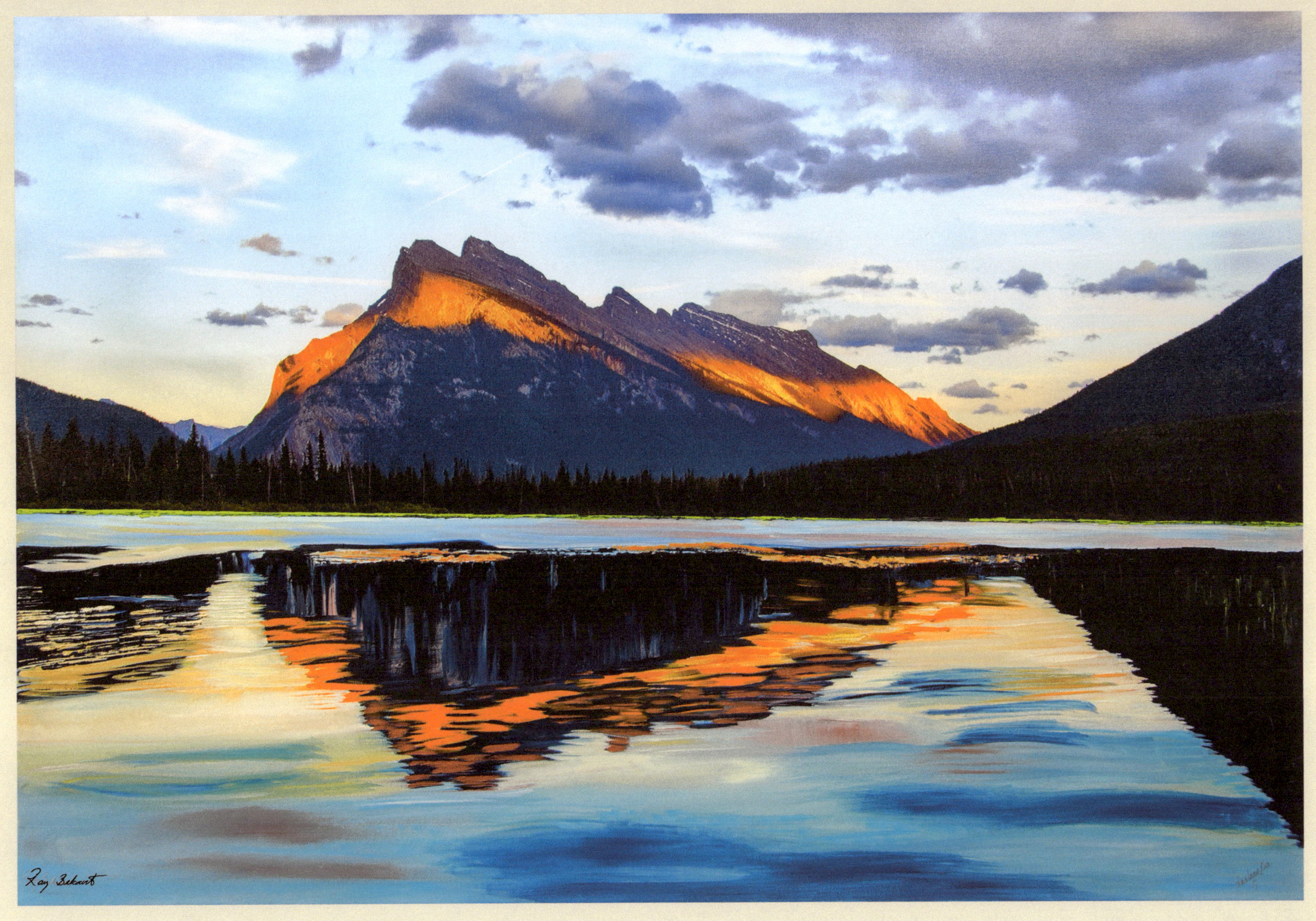

Mount Rundle (oil/canvas - huile/toile)

Photographer:

Ray Belcourt

Artist:

Kathryn Mullaney

I have seen some incredible sights in my travels across Canada, but none has compared to the feeling and exhilaration I felt when I experienced the Rocky Mountains for the first time. To try to describe the magnificence of these majestic peaks surounded by thundering rivers and dark green lakes would not do them justice. Located on the western slope of the continental divide, Emerald Lake, one of the pearls of Yoho National Park, has attracted millions of tourists over the years, drawn to her shore by her natural raw beauty. The smell of the fresh pine air, the sight and feel of its green shimering cool water fill our senses. I like to believe everyone leaves Emerald Lake somehow changed, somehow humbled, kinder and more peaceful.

The photos I painted are fairly representative of British Columbia. Water is everywhere, in the form of rivers or creeks, lakes or the Pacific Ocean. And mountains, too. Even the canoes that I painted in the Emerald Lake photo hint at all the interesting activities available in that lake, any other body of water, or on/ near the mountain in the background. I fell in love with this province the first time I came here and do not ever want to live anywhere else.

J'ai vu des paysages incroyables au cours de mes voyages à travers le Canada, mais aucun n'est comparable au sentiment et à la joie intense éprouvés lors de mon premier contact avec les montagnes Rocheuses. Essayer de décrire la splendeur de ces pics majestueux entourés de rivières assourdissantes et de lacs sombres et verts ne leur rendrait pas justice. Situé sur le versant occidental de la fracture continentale, le lac Emerald , l'une des perles du parc national Yoho, a attiré des millions de touristes au cours des années, entrainés vers ses rives par sa beauté naturelle et sauvage. L'odeur de l'air frais dans les pins, la vue et le contact de son eau verte, chatoyante et fraiche emplissent nos sens. J'aime croire que tout le monde quitte le lac Emerald en quelque sorte changé, humble, meilleur et plus paisible.

Les photos que j'ai peintes sont assez représentatives de la Colombie-Britannique. L'eau est présente partout, sous forme de rivières et de ruisseaux, de lacs ou bien avec l'Océan Pacifique. Il y a aussi les montagnes. Même les canoës que j'ai peints dans la photo du lac Émeraude font allusion à toutes ces activités intéressantes que l'on trouve sur ce lac, sur toute autre étendue d'eau, ou encore sur ou près des montagnes que l'on distingue à l'arrière-plan. Je suis tombée amoureuse de cette province la première fois que j'y suis venue et je ne veux pas habiter ailleurs pour tout l'or du monde.

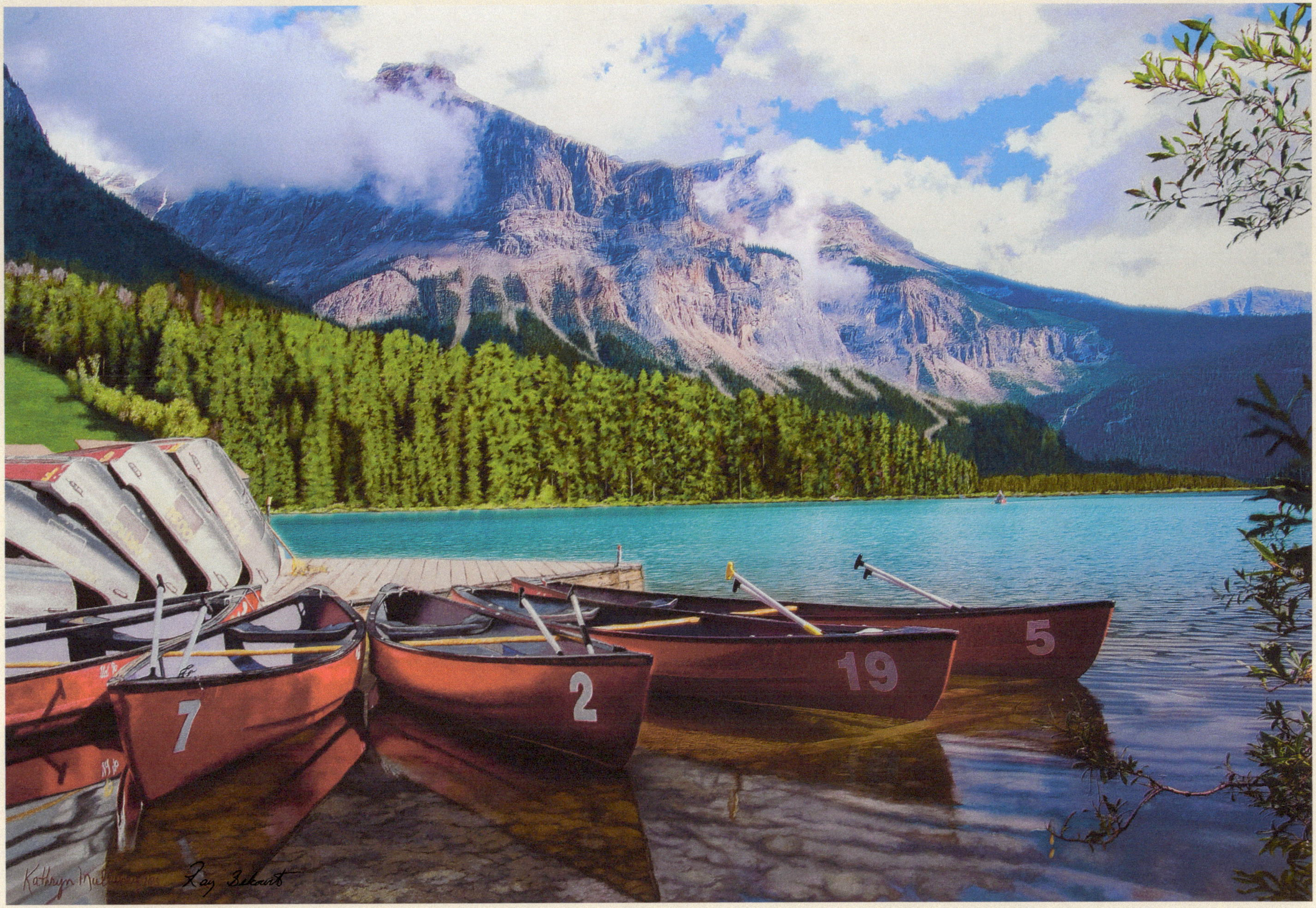

Emerald Lake (pastel/paper - pastel/papier)

British Columbia

Photographer:
Ray Belcourt

Artist:
Kathryn Mullaney

I came away from Victoria harbor with a very different shot than I had anticipated. Vancouver Island was cold and overcast when I arrived. My intention was to photograph the harbor at sunrise to capture the myriad colorful vessels at first light and, at the same time, avoid the hundreds of tourists. I spent that day scouting the shoreline to gain perspective and clinch the perfect location for the sunrise photo.

Next morning, alone in the cool early dawn, I frantically searched for the right combination of light, shadow and reflection. Finally I set my tripod upon algae-covered rocks, adjusted my camera and framed the scene. The sun slowly breached the horizon, its faint glow barely penetrating the cloudy sky. Man, was I disappointed! Gradually, however, as I surrendered to the moment, peace and contentment crept in. The calm and serenity of the shore combined with the charm and beauty of the scene touched my soul.

Je suis revenu du port de Victoria avec une photo très différente de celle que j'avais imaginée. L'île de Vancouver était, à mon arrivée, froide et nuageuse. J'avais l'intention de photographier le port au lever du soleil afin de capturer la myriade de bateaux colorés dans la première lumière du matin et, en même temps, éviter les centaines de touristes. Je passai cette journée à parcourir la côte afin de gagner de la perspective et tomber sur l'endroit parfait pour cette photo de lever de soleil.

Le lendemain matin, seul dans la fraîcheur de l'aube, je cherchai désespérément la bonne combinaison de lumière, d'ombre et de reflets. Finalement, j'installai mon trépied sur des rochers recouverts d'algues, réglai mon appareil et cadrai la scène. Lentement, le soleil ouvrit une brèche dans l'horizon et sa pâle lueur pénétra faiblement les nuages du ciel. Comme j'étais déçu! Progressivement, cependant, m'abandonnant à l'instant, je me sentis envahi par un sentiment de paix et de satisfaction. J'étais ému par le calme et la sérénité de la côte, associés au charme et à la beauté de la scène.

Even though I was not the photographer, this image reminded me of the time when I lived in Victoria. I haunted spots like this, looking for my next painting. While I was painting this for this project, I could smell the seaweed in the air and hear the seagulls shrieking, looking for their next meal around the boats in the harbor. I was on this dock once, admiring the Tall Ships as they came in. Victoria is still my favorite city in the world, one in which I hope to live again one day.

Bien que je ne fusse pas le photographe, cette image me rappelait l'époque où je vivais à Victoria. Je hantais des lieux comme celui-ci, à la recherche de mon prochain tableau. Pendant que je peignais ceci pour ce projet, je sentais les algues dans l'air et entendais les mouettes crier, à la recherche de leur prochain repas autour des bateaux du port. Je me trouvais sur ce quai une fois et j'admirais les Grands Voiliers qui entraient. Victoria est encore ma ville préférée au monde, celle dans laquelle j'espère, un jour, habiter à nouveau.

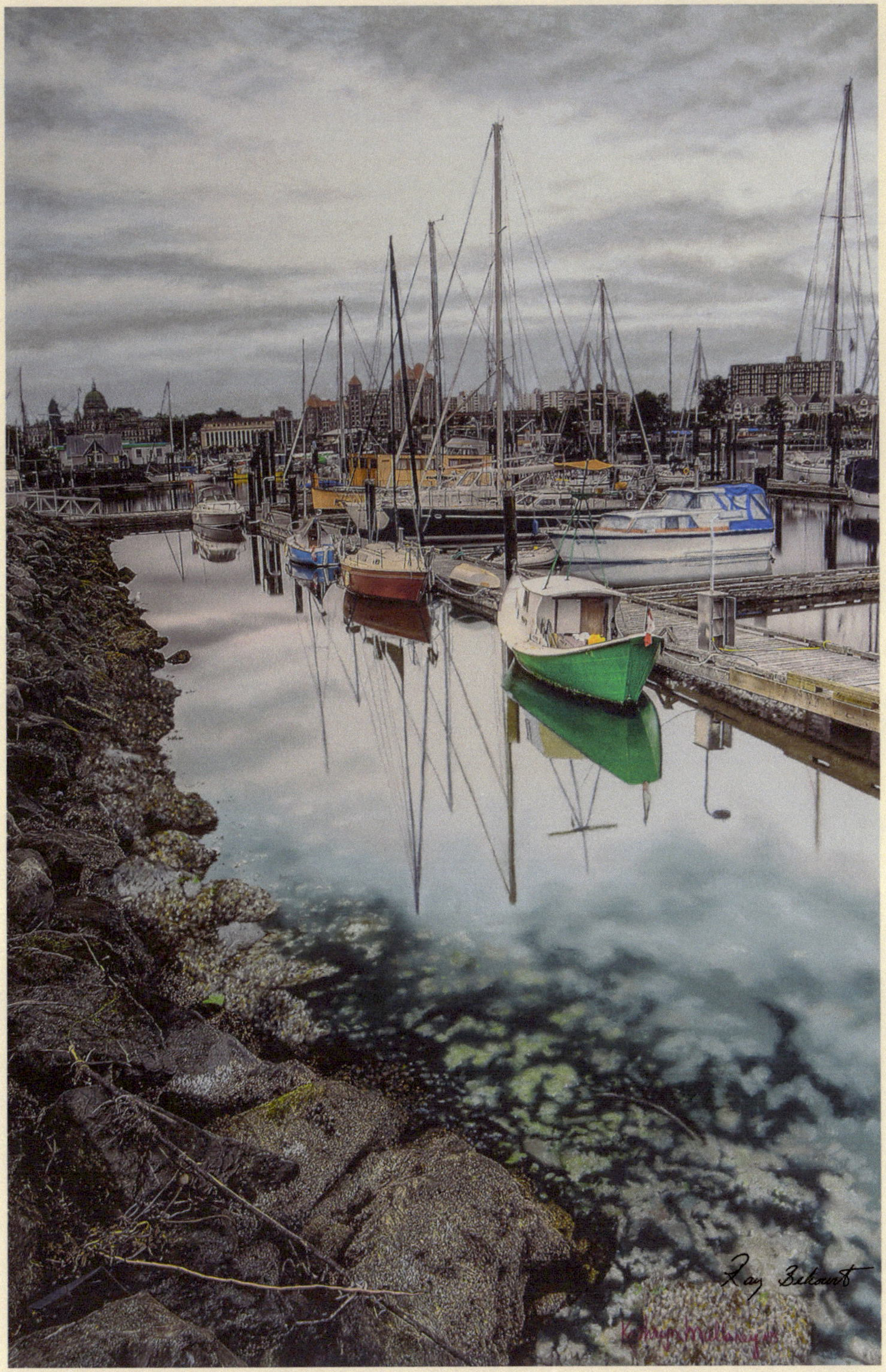

In only a century and a quarter since
Confederation, Canadians have shaped out
of the North American wilderness one of
the most privileged societies on the face
of the earth. Ranking among the seven
most prosperous nations in the world,
Canada is rich not only in the abundance
of our resources and the magnificence
of our land, but also in the diversity and
the character of our people. We have long
been known as one of the most tolerant,
progressive, innovative, caring and peaceful
societies in existence.

The Will of a Nation:
Awakening the Canadian Spirit
by George Radwanski & Julia Luttrell

Victoria Harbor (pastel/paper - pastel/papier)

Photographer:

Ray Belcourt

Artist:

Kathryn Mullaney

Driving west of Revelstoke, B.C., I spotted a set of rapids crossing under the Trans-Canada Highway. Stopping the Chevy, I grabbed my camera and stumbled down the embankment into the ditch and under the bridge for a better perspective. I stepped into the creek, my feet instantly numbed by the icy mountain water. I shuffled along the slippery rocks, set my tripod and mounted my Nikon into place. As I looked up to set the composition, I thought to myself – "How sweet is this? Clear shimmering water streaming down a silky waterfall into an emerald green pool of perfectly arranged painted rocks." And I squeezed the shutter button. Thank you, Mother Nature!

I do not know the exact location of this scene, but I have been to many similar spots. One of them is just a few minutes away from where I live. I have always been fascinated with water, painting it in all its forms many times. And the occurrence of rocks in the water stirs added interest and presents an added challenge. Every single rock is a painting in itself. I am inspired to create the lost edges, the hard edges, the light reflecting off them and the water flowing all around. The black and white stripes were difficult to blend into the areas I painted (the color). I think I was successful most of the time.

En roulant à l'ouest de Revelstoke en Colombie Britannique, je remarquai une série de rapides qui passent sous la route Transcanadienne. J'arrêtai mon pickup Chevrolet, attrapai mon appareil photo et dévalai le talus vers le fossé, puis passai sous le pont afin d'avoir une meilleure perspective. Dès que j'entrai dans le ruisseau, mes pieds furent instantanément engourdis par l'eau glacée de la montagne. Je me traînai les pieds le long des rochers glissants, installai mon trépied et y fixai mon Nikon. Tout en levant les yeux pour préparer ma composition, je me dis : « Comme c'est joli ! Cette eau claire et scintillante qui se déverse en une cascade soyeuse pour terminer sa chute dans un bassin vert émeraude formé de rochers peints parfaitement disposés. » Et j'ai appuyé sur l'obturateur. Merci Dame Nature !

J'ignore où cette scène se passe exactement, mais je suis allée dans de nombreux endroits semblables. L'un d'eux se trouve à seulement quelques minutes de là où j'habite. J'ai toujours été fascinée par l'eau et je l'ai peinte sous toutes ses formes de nombreuses fois. Et la présence de rochers dans les remous de l'eau a ajouté un intérêt et présente un défi supplémentaire. Individuellement, chaque rocher est un tableau en soi. Je trouve mon inspiration dans la création de bords disparus, de bords durs, de la lumière qui s'en échappe et de l'eau qui l'encercle. Les rayures noires et blanches ont été difficiles à incorporer dans les zones que j'ai peintes (la couleur). Je pense que j'ai bien réussi la plupart du temps.

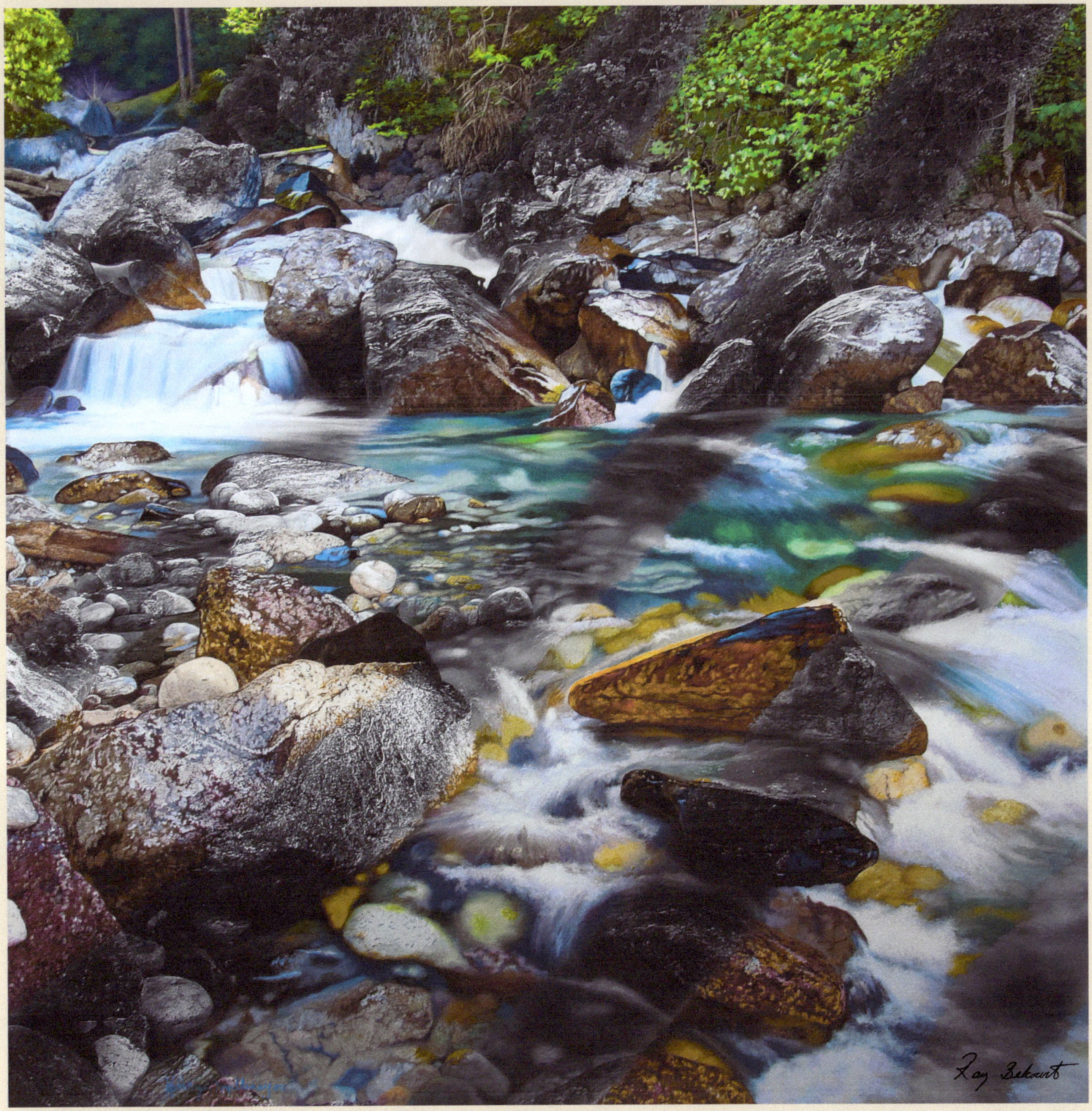

Crazy Creek,
(pastel/paper - pastel/papier)

Photographer:
Ray Belcourt

Artist:
Jennifer Walden

I landed in Yellowknife under a heavily overcast sky, the countryside obscured by a blanket of snow. Edmonton, my point of origin, was already well into spring, so I was surprised by the waist-high snowbanks that lined the road as I drove away from the airport. Experience has taught me that chasing rainbows and sunsets is often a futile endeavor. What was I going to photograph? It all seemed so featureless. (continued)

I was delighted when asked to participate in this project. Collaborating with another artist in another medium has allowed me to push boundaries and achieve new results.

Living in Canada's Northwest Territories, I am surrounded by a vast wilderness of raw beauty. This wonderful landscape is my muse and provides an endless pool of inspiration. Caribou often pass near my home. These majestic animals are an integral part of people's lives here. Their history, culture and very survival are intimately entwined with that of the caribou.

J'ai atterri à Yellowknife sous un ciel lourd, la campagne obscurcie par un manteau de neige. Edmonton, mon point de départ, était déjà bien installé dans le printemps, je fus donc surpris de voir ces bancs de neige à hauteur de taille qui bordaient la route, alors que je quittais l'aéroport. L'expérience m'a appris que courir après des arcs-en-ciel et des couchers de soleil est souvent une tentative vaine Qu'allais-je photographier ? Tout semblait tellement dépourvu de caractère. (continué)

J'étais ravie quand on m'a demandé à participer à ce projet. La collaboration avec un autre artiste dans un autre support m'a permis de repousser les frontières et d'obtenir de nouveaux résultats.

Vivre dans les Territoires du Nord-Ouest signifie être entouré de vastes espaces de beauté sauvage. Ce paysage est ma muse et elle m'offre une source inépuisable d'inspiration. Les caribous passent souvent près de chez moi et ils font partie intégrante de la vie des gens ici, de leur histoire et de leur culture. Les caribous sont un moyen de survie. Les corbeaux vivent en grand nombre dans toute la ville et l'on entend le chœur de leurs cris jour et nuit, en été comme en hiver. Ces animaux revêtent une importance spirituelle et culturelle là où j'ai la chance d'habiter. Ils font partie de ce grand paysage du Nord.

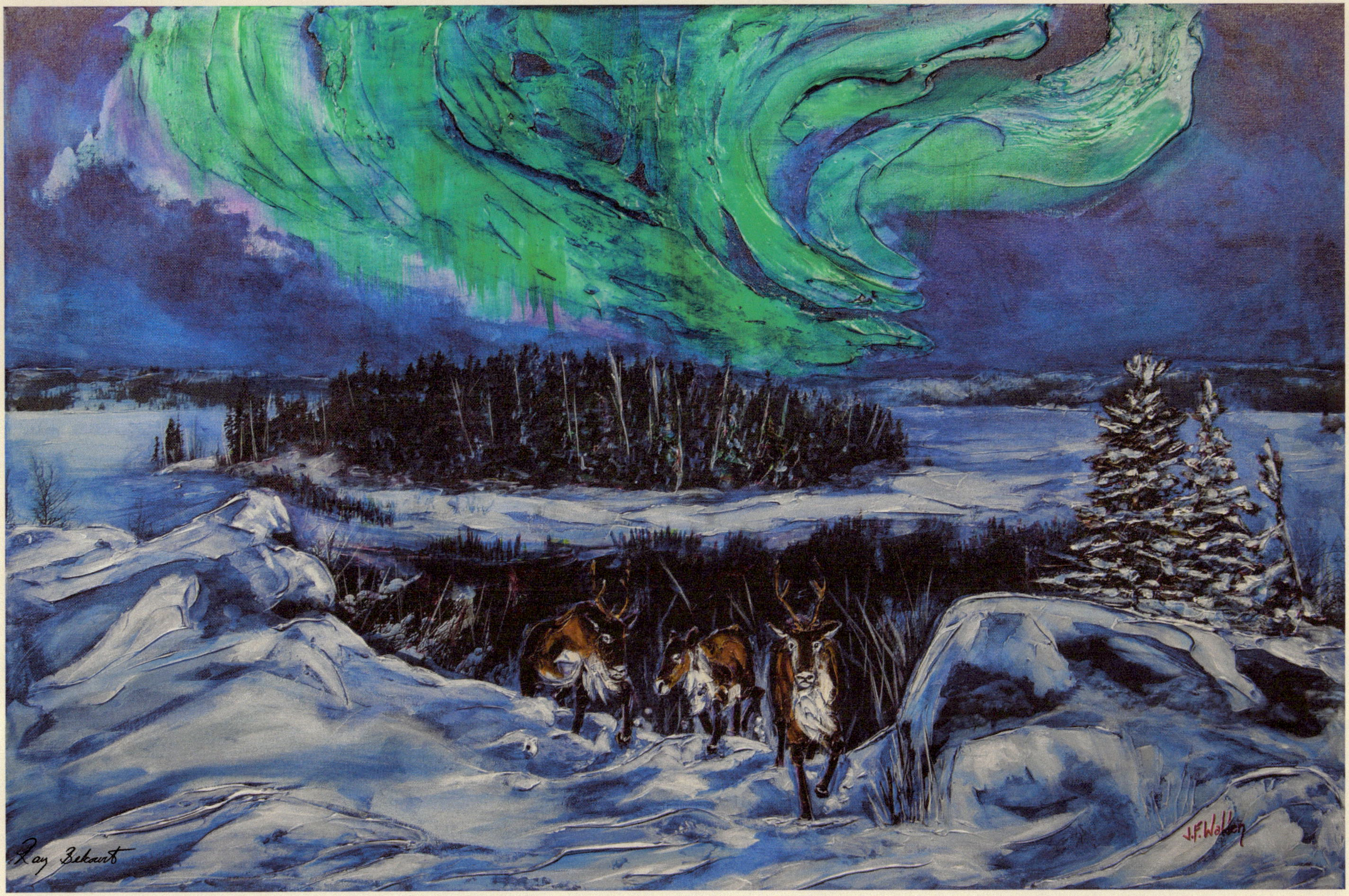

Through Snow (acrylic/canvas - acrylique/toile)

Photographer:

Ray Belcourt

Artist:

Jennifer Walden

I pulled over and parked beside the lake situated across from the parking lot, and sat. Staring out at a frozen, barren wasteland, dejected, I wondered how I could possibly photograph this great northern territory and do it justice. Then, from the edge of the forest, a beautiful red fox emerged, pranced across the trail and stopped in front of my car. Admiring its beauty in quiet humility, I silently thanked him for the lesson and the inspiration.

Ravens in vast numbers live all over the city, their chorus of sounds heard day and night, summer and winter. Caribou and ravens, inseparable from this great landscape of the north, hold spiritual and cultural importance where I am lucky to live.

Je me rangeai et me garai au bord du lac situé en face du stationnement, et je restai assis. Tout en regardant fixement cette étendue gelée et dénudée, découragé, je me demandai comment je pourrais photographier ce vaste territoire du nord et lui rendre justice. Puis, de la lisière de la forêt, un beau renard rouge émergea, traversa le chemin en se pavanant et s'arrêta devant ma voiture. En admirant sa beauté en toute humilité, je le remerciai silencieusement pour la leçon et l'inspiration qu'il me donnait.

Des corbeaux, en grands nombres, vivent dans toute la ville et l'on entend le chœur de leurs cris jour et nuit, en été comme en hiver. Les caribous et les corbeaux, inséparables de ce merveilleux paysage du nord, revêtent une importance spirituelle et culturelle là où j'ai la chance d'habiter.

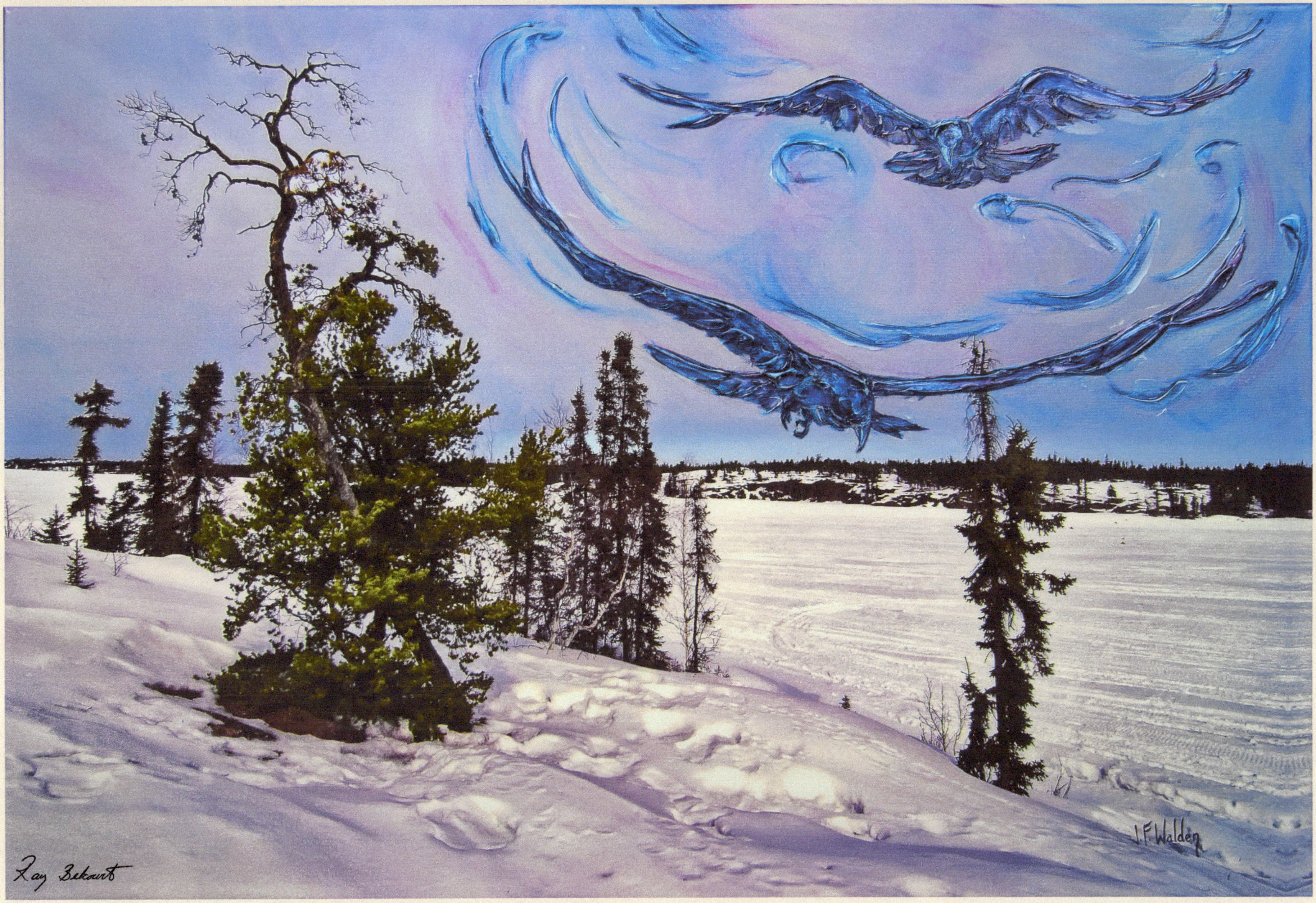

Playing in the Wind (acrylic/canvas - acrylique/toile)

Ray Belcourt

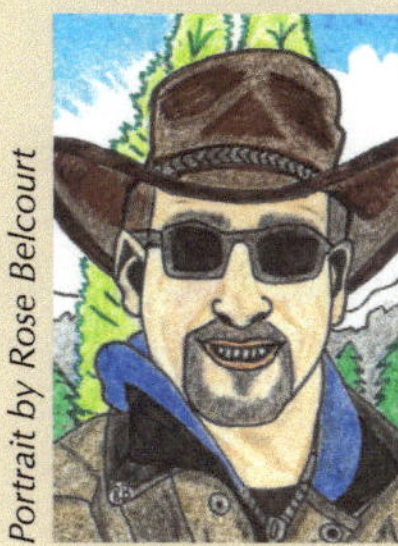

Portrait by Rose Belcourt

Ray developed a deep love of nature at a very early age. Many of his teenage years he spent outdoors, hunting, fishing and trapping in the beautiful boreal forest of Northern Ontario. The natural beauty encountered on these adventures likely were the seeds that grew into his discerning eye for landscapes and natural forms. Ray now calls Alberta home. He has been experimenting with landscape photography for many years.

In 2008, he collaborated in the publication of *Haiga Moments,* a small book of haiku/senryu poetry featuring his photos. His photography received positive reviews from both Daily Haiku and Book Review. Ray collaborated with a number of provincial artists on a project that combined mixed media art featuring landscapes from across Canada. *Artscapes Canada Pays-arts* (2012) was a collection of the artwork that resulted from this project. This is the Second Edition and includes a few additional pages. Be sure to see the feature article in the Dec/Jan 2019 issue of *Our Canada* magazine.

Ray is now pursuing writing. He regularly publishes short stories on line and is in the process of releasing his first full length novel, *Blood Cove.*

raybelcourt@telus.net

Ray a développé un amour profond pour la nature à un très jeune âge. Il passa une grande partie de son adolescence à la chasse, à la pêche et au piégeage dans la belle forêt boréale du nord de l'Ontario. La beauté naturelle rencontrée lors de ces aventures était probablement la graine de son œil averti pour les paysages et les formes naturelles. Ray appelle maintenant l'Alberta à la maison. Il expérimente la photographie de paysage depuis de nombreuses années.

En 2008, il a collaboré à la publication de Haiga Moments, un petit livre de poésie haiku / senryu présentant ses photos. Ses photographies ont reçu des critiques positives de Daily Haiku et de Book Review. Ray a collaboré avec un certain nombre d'artistes provinciaux dans le cadre d'un projet combinant des arts médiatiques mixtes mettant en vedette des paysages de partout au Canada. Artscapes Canada Pays-arts (2012) était une collection d'œuvres d'art issues de ce projet. Cette deuxième édition a été revue et mise à jour, et comprend quelques pages supplémentaires. Assurez-vous de lire l'article de fond dans le numéro de décembre-janvier 2019 du magazine Our Canada.

Ray poursuit maintenant son écriture. Il publie régulièrement des nouvelles en ligne et sort actuellement son premier roman, Blood Cove.

raybelcourt@telus.net

Dr. Ignatius Fay

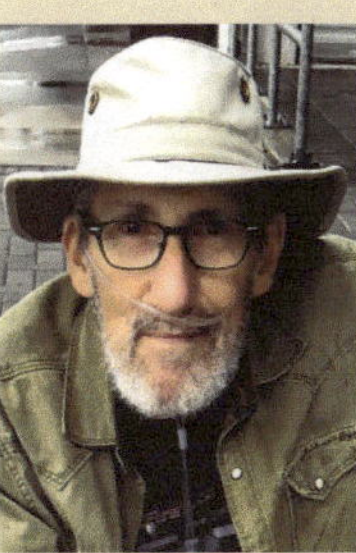

Ignatius is an invertebrate paleontologist retired due to chronic severe lung/heart disease. Born and raised in Levack, near Sudbury, Ontario, he earned his PhD from the University of Saskatchewan in Saskatoon, accepting the position as the first invertebrate paleontologist at the Royal Tyrrell Museum of Paleontology. Upon becoming disabled, he returned to Sudbury to raise his two daughters and dabble in computer graphics.

His lifelong love of words, language and learning provided fertile ground for his introduction to the Japanese pœtic form, Haiku, in the late 1980s and he has been writing haiku and senryu since 1990, extending his interests to haibun, tanka and tanka prose in 2010. He is the current editor of the Haiku Society of America Newsletter, and serves as the layout person on the editorial staff of the Society's two main publications, *frogpond* and the annual *Members' Anthology.* Some of his work has appeared in *Atlas Poetica, The Haiku Canada Anthology, Modern Haiku, frogpond, bottle rockets, Skylark, red lights, Mayfly, Chrysanthemum, Eucalypt* and *The Heron's Nest.*

ifay@vianet.ca

Ignatius, paléontologue spécialisé dans les invertébrés, a dû prendre sa retraite à cause d'une grave maladie chronique des poumons et du cœur. Il est né et a grandi à Levack, près de Sudbury dans l'Ontario, a obtenu son PhD à l'université du Saskatchewan à Saskatoon et a accepté le poste de premier paléontologue des inverterbrés au Musée Royal Tyrrell de Paléontologie.

Devenu handicappé, il retourna à Sudbury pour élever ses deux filles et se lancer en amateur dans l'infographie.

Son amour de toute une vie pour les mots, la langue et l'érudition lui procura un terrain fertile pour son introduction à cette forme de poésie japonaise, le Haïku, à la fin des années 80, et il écrit des Haïku et des Senryu depuis 1990. Il est le rédacteur en chef de la newsletter de la Haiku Society of America et faire partie de l'équipe de rédaction des deux principales publications de la société, frogpond et l'anthologie annuelle des membres.

Une partie de son œuvre est parue dans Atlas Poetica, the Haiku Canada Anthology, Modern Haiku, frogpond, bottle rockets, Skylark, red lights, Mayfly, Chrysanthemum, Eucalypt and The Heron's Nest.

ifay@vianet.ca

Darlene Adams

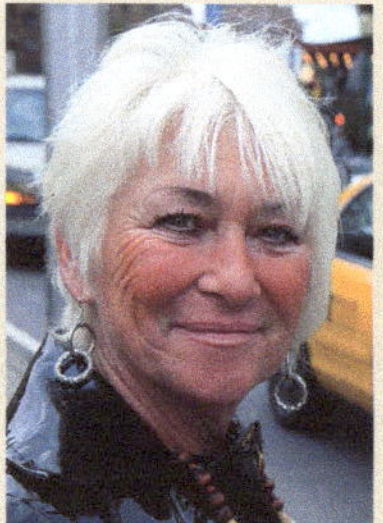

Darlene was born and raised in Edmonton, Alberta, and spent many hours painting and drawing. She graduated from Victoria Composite High School with a commercial arts degree. Although painting was her passion, she set it aside when she married, devoting her time to work and raising her son.

Her son grown, she decided to pursue her passion once again. She learned, her skill developing steadily, inspired by extensive travelling and her favorite painter, Van Gogh. Bold, beautiful color has the most profound impact on her life, so incorporating it into her paintings seemed a natural progression. She loves texture and the flow of oils on canvas.

Always ready to rise to a challenge, the *Artscapes Canada* project provides a unique opportunity to combine her skills and talents with those of leading artists across the country.

dartwerks@yahoo.ca

Darlene est née et a été élevée à Edmonton dans l'Alberta. Elle a passé de nombreuses heures à peindre et à dessiner. Elle a quitté la Victoria Composite High School avec un diplôme d'arts commerciaux. Bien que la peinture soit sa passion, elle la mit de côté quand elle se maria et consacra son temps à son travail et à l'éducation de son fils.

Une fois son fils élevé, elle décida de poursuivre cette passion. Son don se développa de façon régulière et elle puisa son inspiration dans de nombreux voyages et dans l'œuvre de son peintre préféré, Van Gogh. De belles couleurs vives ont l'impact le plus profond sur sa vie, par conséquent, les incorporer à ses tableaux semblait une progression naturelle. Elle adore la texture et l'écoulement des huiles sur la toile.

Toujours prête à relever un défi, le projet « Pays-Arts Canada » lui offre une occasion unique d'associer ses connaissances et ses talents à ceux d'éminents artistes à travers le pays.

dartwerks@yahoo.ca

Claire Chevarie

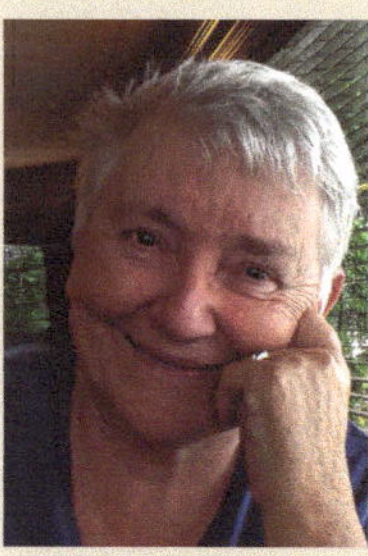

Claire is a Canadian Visual Artist from the Atlantic Provinces, Canada. Claire has exhibited her work in Tunisia, France, Italy and across Canada and in the United States. Her particular talent lies in painting whimsical houses and landscapes either in mixed media or acrylics. The Artist has been the proud owner of her own Galerie Chevarie Gallery in Shediac, NB for over 5 years, where it is possible to see her at work from May through the end of October.

La GALERIE CHEVARIE GALLERY
342, Centreville Mall, Unit 105
Shediac, NB, E4P 2E7
tel.: 506-531-7410
chevarie@aol.com
www.clairechevarie.com

Claire est une artiste peintre canadienne qui a participé à sa première exposition d'art solo en 1972 à la Galerie d'art de l'Université de Moncton. Son travail a été exposé au Portugal, en Tunisie, en Italie, au Canada et aux États-Unis. Le talent particulier de Claire est de créer des tableaux fantaisistes et rythmiques. Ses médiums de choix sont l'acrylique et le pastel. Professeure passionnée, Claire offre des stages de formation aux adultes au Canada et aux États-Unis. Propriétaire depuis déjà cinq ans de sa propre galerie d'art, Galerie Chevarie Gallery, au 342, rue Main Shediac, Nouveau-Brunswick, il est possible d'observer l'artiste à l'œuvre six jours par semaine de mai à la fin octobre.

La GALLERIE CHEVARIE GALLERY
342, Centreville Mall, Unit 105
Shediac, NB, E4P 2E7
tel.: 506-531-7410
chevarie@aol.com
www.clairechevarie.com

Gisèle Crites

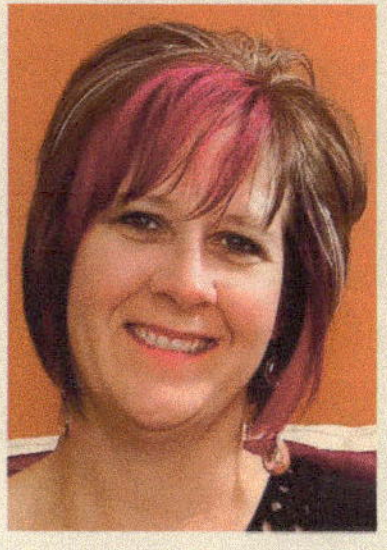

Gisèle was born and raised in northern Ontario. Art and painting have always been passions that stirred her soul. She is self-taught. She prefers to work with acrylics, but she is continually experimenting with other media. Commissioned pieces are especially stimulating for Gisèle because they allow her to stretch herself in striving to bring to reality her clients' visions. Such 'one-of-a-kind' projects allow her to expand her skills beyond their limits, continuing to grow and remain vital as an artist.

1655 Concession Road 8
Hampton, ON L0B 1J0
Cell: 905-767-3071

Gisèle est née et a grandi dans le nord de l'Ontario. L'art et la peinture ont toujours été sa passion. Elle est autodidacte. Elle préfère travailler avec les acryliques, mais elle expérimente continuellement avec différentes techniques. Les œuvres sur commande sont particulièrement stimulantes pour Gisèle, car elles lui permettent de s'épanouir dans la réalisation de la vision de ses clients. Ces réalisations uniques lui permettent d'élargir ses compétences, de continuer à développer sa créativité et de rester vitale en tant qu'artiste.

1655 Concession Road 8
Hampton, ON L0B 1J0
Cell: 905-767-3071

Lise-Marielle Fortin

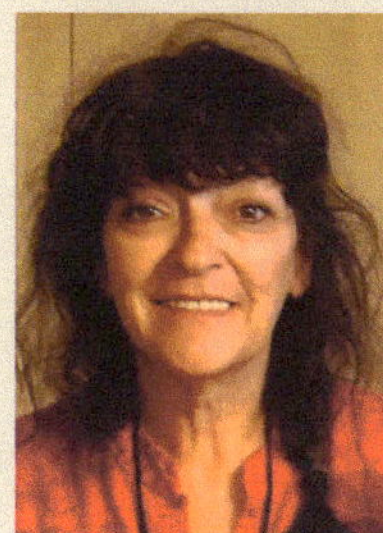

Born in 1952 in Matane, Quebec, Lise's childhood was imbued with the smell of kelp, wonderful seascapes and harsh winter storms. Because of her native origins, nature is her muse. A self-educated artist, she paints skies, the weather colors and what nature draws and reveals to her avid eyes.

With the help of her brush, she tries to depict what she sees and what she recalls from a light, from an atmosphere or from a country setting. Nature is an inexhaustible source of inspiration for Lise. From the sand dunes to the endless skyline of the oceans, from the smallest clover to the giant redwood, natural beauty thrills her.

For the past while, she has been exploring the abstract world, another door open to her creativity. She happily shares with everyone her love for painting.
lmfortin@sympatico.ca http://www.artactif.com/fortin/
9120 avenue du zoo, appt, 37, Québec, Québec G1G 6G9

Née en 1952 à Matane au Québec, l'enfance de Lise est imprégnée de l'odeur du varech, de merveilleux paysages marins et de rudes tempêtes d'hiver.

De par sa descendance autochtone, la nature est sa muse. Autodidacte, elle peint des ciels, la couleur du temps et ce que la nature dessine et révèle à son regard passionné.

À l'aide de son pinceau, elle essaie de rendre, ce qu'elle voit et ce qu'elle retient d'une lumière, d'une ambiance ou d'un décor champêtre. La nature est pour elle une source inépuisable d'inspiration. Des dunes de sable à l'horizon infini des océans, du plus petit trèfle jusqu'au séquoia, la beauté naturelle la fait vibrer.

Depuis quelque temps, elle explore le monde abstrait, autre porte ouverte vers sa créativité. Elle partage volontiers avec les autres son plaisir de peindre.
lmfortin@sympatico.ca http://www.artactif.com/fortin/
9120 avenue du zoo, appt, 37, Québec, Québec G1G 6G9

Roman Gierek

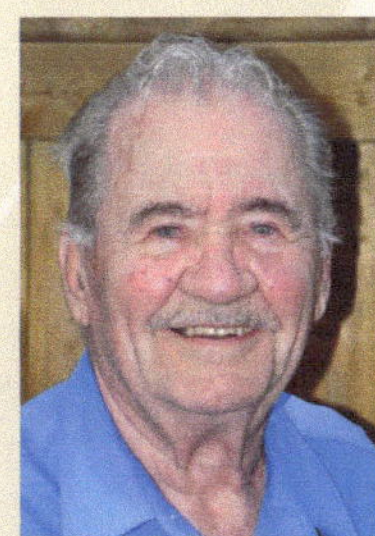

Roman Gierek was born and raised in Winnipeg, Manitoba, Canada. He retired as a Staff Sergeant after 33 years with the Winnipeg Police Force.

Roman was an avid fisherman and outdoorsman. His landscapes were inspired by the scenery encountered on fishing trips in Manitoba and around his home on the Red River, south of Winnipeg.

His preferred medium was oils. He developed a unique style of painting accented by his application of vivid and brilliant colors. His paintings were constantly evolving to express the beauty of the Canadian landscape in its seasons, particularly fall.

Credits include commissions and numerous paintings sold through the Havmand Art Gallery. He exhibited work at the Art Expo, Birchwood Art Gallery, The Northern Art & Garden Home, Art-o-rama and The Assiniboine Park Conservatory.

Roman was a member of The Assiniboine Group of Artists and the Art Network in Winnipeg, Manitoba, Canada.

Roman passed away on April 28, 2013.

http://www.romangierek.ca

Roman Gierek est né et a grandi à Winnipeg, dans le Manitoba, au Canada. Roman Gierek est né et a grandi à Winnipeg au Manitoba. Sergent-chef à la retraite après 33 ans de service avec la Force policière de Winnipeg.

Roman était passionné de la pêche et du plein air. Ses tableaux sont inspirés par les paysages rencontrés lors de ses voyages de pêche au Manitoba et près de son domicile sur la Rivière Rouge, au sud de Winnipeg.

La peinture à l'huile est son moyen d'expression préféré. Il a développé un style unique accentué par son application de couleurs vives et brillantes. Ses peintures sont en constante évolution pour exprimer la beauté du paysage canadien au cours des saisons, mais surtout durant l'automne.

Il a réalisé des tableaux sur commande et en a vendus bon nombre à travers la Galerie d'art Havmand. Il a exposé des œuvres à Art Expo, la Galerie d'art Birchwood, Northern Art and Garden Home, Art-o-rama et le Conservatoire du parc Assiniboine. Roman était membre du groupe d'artistes Assiniboine et du réseau artistique de Winnipeg, Manitoba.

Roman est décédé le 28 avril 2013.

Mohamed Hirji

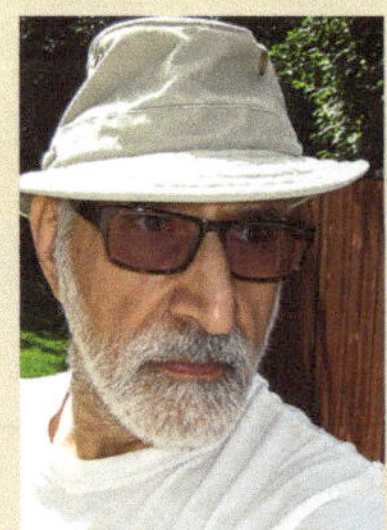

Mohamed was born in East Africa and emigrated from Kenya to Edmonton, Canada, in 1977. He has been painting since 2001. Although mostly self taught, to hone his skills, he frequently attends workshops all over the world.

Mohamed's profession, diagnostic radiologist, has greatly influenced his art. Driving home after work, having spent the day peering at black and white images, his senses are overwhelmed by a world so full of colour, and so many subtle shades. Every glance through his car window yields endless possibilities. The stimuli strike him relentlessly, and he starts thinking of what sort of painting will he compose next. What palette will he use? What will he include? What media will be suitable? The questions are endless, but inspiring. He just can't wait to get started.

Canvas in front of him, brush in hand, he starts thinking about how best to fill the vast, flat, empty white canvas, about the techniques for rendering a three dimensional form on a two dimensional surface. Again, contrast comes into play, like the black and white images at work. But in this case, he is the one producing something out of nothing, for someone else to interpret and put together. His art takes over now, allowing him to use colour to transcend the monochromatic pictures of his work. Carefully, and meticulously, he begins. A brushstroke here, one there. Steadily, he puts it together, mixing his colours and decorating the canvas. His mind races as he works, sometimes slowing, sometimes propelling him forward. Nothing about what he does is random, and every decision must be made carefully. Slowly, the painting takes shape, in time becoming complete, an image unto itself.

Mohamed was awarded the Mildred Nelson scholarship in 2013 and the Card Alling scholarship in 2018 by the Edmonton Art Club.

https://mohamedhirji.com/

Mohamed est né en Afrique de l'Est et a émigré du Kenya à Edmonton, au Canada, en 1977. Il peint depuis 2001. Bien qu'autodidacte, il fréquente souvent des ateliers partout dans le monde.

Le métier de Mohamed comme radiologue diagnostique, a grandement influencé son art. En rentrant chez lui après le travail, après avoir passé la journée à regarder des images en noir et blanc, ses sens sont submergés par un monde si coloré et de nombreuses nuances subtiles. Chaque coup d'œil par la fenêtre de sa voiture offre des possibilités infinies. Les stimuli le frappent sans relâche et il commence à réfléchir à la sorte de peinture qu'il va composer par la suite. Quelle palette utilisera-t-il ? Qu'est-ce qu'il va inclure ? Quels médias conviendront ? Les questions sont sans fin, mais inspirantes. Il ne peut tout simplement pas attendre pour commencer.

Toile devant lui, le pinceau à la main, il commence à réfléchir à la meilleure façon de remplir la toile blanche, vide, vaste et plate, sur les techniques de rendu d'une forme tridimensionnelle sur une surface à deux dimensions. Encore une fois, le contraste entre en jeu, comme les images en noir et blanc au travail. Mais dans ce cas, c'est lui qui produit quelque chose à partir de rien, que quelqu'un d'autre interprète et met en place. Son art prend le dessus maintenant, lui permettant d'utiliser la couleur pour transposer les images monochromatiques de son travail. Soigneusement et méticuleusement, il commence. Un coup de pinceau ici, un là-bas. Constamment, il le rassemble, mélange ses couleurs et décore la toile. Son esprit s'emballe alors qu'il travaille, ralentissant parfois, le propulsant parfois en avant. Rien de ce qu'il fait n'est aléatoire et chaque décision doit être prise avec soin. Lentement, la peinture prend forme, avec le temps, pour devenir complète, une image en soi.

Mohamed a reçu la bourse Mildred Nelson en 2013 et la bourse Card Alling en 2018 par l'Edmonton Art Club.

https://mohamedhirji.com/

Norm Krogstad

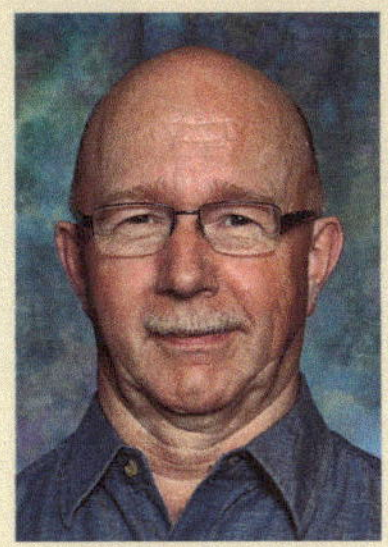

Norm was born in Kindersley Saskatchewan, in 1956, the youngest of four children. Growing up on a farm west of town instilled solid values and hard work ethics. A curious child with a keen eye for natural surroundings, once his chores were done, he was free to roam, and it is here that he developed his senses, to see things from an artistic angle.

Norm has been drawing most of his life. He experimented with painting at sixteen, but found he enjoyed drawing more and went back to pencil and paper for several more years. A nature lover, he was fortunate to be able to travel extensively in the beautiful northern country of Saskatchewan. He has always liked to be out in the wild—the lakes, trees and animals have always been very special to him and, as an artist, en endless source of inspiration!

In 1984, he tried his hand at decoy carving, working almost exclusively with Butternut. Every piece except the first is in private collections.

After an industrial accident in 1994, he lost the use of his right wrist and part of his hand. Upon reflection during recuperation, he decided to try oil painting once again. He traveled to Calgary to attend an art workshop, to see if he could use his left hand to paint—one of the best decisions he's ever made!

Over the past few years, he has developed his own style and technique, working exclusively in oil paints. This medium allows him to express his passion for the outdoors, beautiful sunsets and rugged mountain terrain.

His work is in many private collections around the world and he has displayed and sold his art at the annual trade show in Kindersley, as well as at the local mall.

nordi@sasktel.net

Norm est né à Kindersley dans le Saskatchewan en 1956, il est le plus jeune de quatre enfants. Grandir dans une ferme à l'ouest de la ville lui a inculqué de solides valeurs et une éthique du dur labeur. Enfant curieux à l'œil vif et observateur du milieu naturel, une fois les corvées terminées, il était libre de vagabonder, et c'est là qu'il développa ses sens afin de voir les choses sous un angle artistique.

Norm a passé presque toute sa vie à dessiner. Il s'essaya à la peinture à l'âge de seize ans, mais s'aperçut qu'il préférait dessiner et retourna vers son crayon et sa feuille de papier pendant de nombreuses années. Amoureux de la nature, il eut la chance de voyager beaucoup dans la belle campagne du nord du Saskatchewan. Il a toujours aimé être dehors en liberté, les lacs, les arbres et les animaux ont toujours été pour lui très particuliers, et, en tant qu'artiste, une source infinie d'inspiration. En 1984, il s'essaya à la sculpture d'appeaux, travaillant presque exclusivement avec de la courge « doubeurre » Toutes les pièces, à l'exception de la première, se trouvent dans des collections privées.

Après un accident industriel en 1994, il perdit l'usage de son poignet droit et une partie de sa main Il réfléchit pendant sa convalescence et décida d'essayer à nouveau la peinture à l'huile. Il se rendit à Calgary pour assister à un atelier d'art, pour voir s'il pouvait utiliser sa main gauche pour peindre, l'une des meilleures décisions qu'il ait jamais prise ! Au cours des quelques dernières années, il a créé son propre style et sa propre technique, travaillant exclusivement avec des peintures à l'huile. Ce moyen lui permet d'exprimer sa passion pour l'extérieur, les beaux couchers de soleil et les paysages de montagnes accidentés.

Son œuvre se trouve dans de nombreuses collections privées dans le monde entier et il a exposé et vendu son art à la foire commerciale de Kindersley, ainsi qu'à la galerie marchande locale.

nordi@sasktel.net

Louise Mould

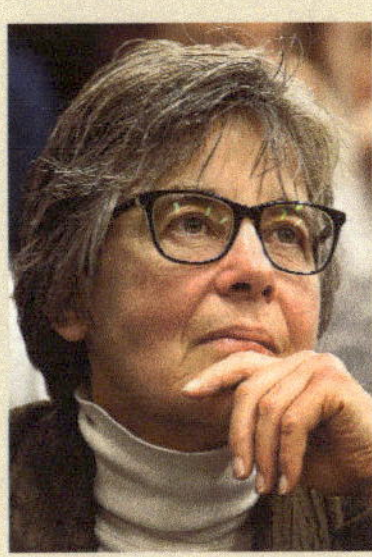

Louise Mould has been painting since her formative years. While the landscape features most prominently in her work, it is a landscape of suggestion, rather than a faithful figurative rendering; it is a landscape of fiction and abstraction. Major influences on her work have been the Canadian landscape, the tropical forests of the Congo and the land of the Mediterranean/Middle East. The light and color of these geographic areas have influenced her choices of both form and color, although the predominating themes are those of the northlands. It has been

said of her work "that there is a consciousness of the reality of spiritual forces moving things and these paintings are making this obvious." The critic continues, stating that there are "particular paintings in [the] collection which I call "crescendo"…as if in one painting suddenly those themes and shapes or pattern [she has] been painting for a while come together and form a perfect expression of themselves! It is like the alchemical painting of the theme that has been there for a while."

Her paintings are in private collections in various countries around the world including Belgium, France, the United Kingdom, Israel, Australia, New Zealand, Uganda, Tanzania as well as Canada and the United States. Louise also creates sculpture and mixed media collage drawings.

Born in Exeter, Ontario, she holds degrees from the University of Prince Edward Island and McGill University in Montreal. She studied art for two years at the Université du Québec à Trois Rivières. Her formative years were spent in Canada and Germany. She lived for four years in the Democratic Republic of the Congo, Africa, in the early 1980s, when the country was called Zaire. From 1984-2004 she lived in Haifa, Israel, where she was, among other things, director of the Bahá'í World Centre Library from 1994-2004. She is currently living in Charlottetown, Prince Edward Island.

Website: www.artistsincanada.com/mould/
Louise Mould - Artists in Canada
Blog: https://louisemould.blogspot.com/
Louise Mould Fine Art

Louise Mould peint depuis ses années de formation. Alors que le paysage est l'élément dominant de son œuvre, il s'agit d'un paysage de suggestion, plutôt qu'un rendu fidèle et figuratif, bref, un paysage de fiction et d'abstraction. Les influences principales dans son œuvre ont été le paysage canadien, la forêt tropicale du Congo et la terre du Moyen Orient méditerranéen. La lumière et la couleur de ces régions géographiques ont influencé ses choix à la fois de formes et de couleurs, bien que les thèmes prédominants soient ceux des régions du nord. On a dit de ses œuvres « qu'elles contiennent une conscience de la réalité des forces spirituelles qui font bouger les choses et ses tableaux rendent cela évident. » Le critique poursuit en indiquant qu'il y a « des tableaux particuliers dans (la) collection que j'appelle « crescendo » …comme si en un seul tableau soudain ces thèmes, ces formes ou motifs (qu'elle) peint depuis quelque temps se rejoignaient pour former une parfaite expression d'eux-mêmes ! C'est comme le tableau alchimique du thème qui est là depuis un certain temps.

Ses tableaux sont dans des collections privées dans divers pays du monde, y compris la Belgique, la France, le Royaume-Uni, Israël, l'Australie, la Nouvelle-Zélande, l'Uganda, la Tanzanie, ainsi que le Canada et les États-Unis. Louise crée aussi des sculptures et des collages sur divers supports.

Née à Exeter, dans l'Ontario, elle possède des diplômes de l'université de l'Île-du-Prince-Édouard et de l'Université McGill à Montréal. Elle a étudié l'art pendant deux ans à l'Université du Québec à Trois Rivières. Elle a passé ses années de formation au Canada et en Allemagne. Elle a vécu quatre ans en République Démocratique du Congo en Afrique au début des années 80 quand le pays s'appelait le Zaïre. De 1984 à 2004, elle a vécu à Haifa en Israël où elle était, entre autres, directrice de la Baha'i World Centre Library de 1994 à 2004. Elle vit actuellement à Charlottetown, sur l'Île-du-Prince-Édouard.
Website: www.artistsincanada.com/mould/
Louise Mould - Artists in Canada
Blog: https://louisemould.blogspot.com/
Louise Mould Fine Art

Kathryn Mullaney

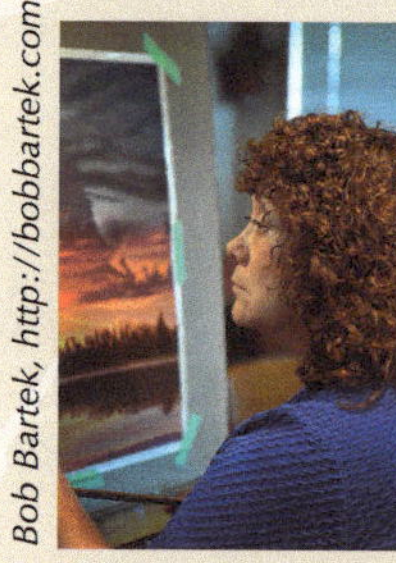

Kathryn was raised in Alberta and excelled in art throughout her early education. Upon graduation from high school, she travelled and studied art extensively in London, England, Carlton University in Ottawa and University of Victoria, in Victoria, B.C.

She moved to the Fraser Valley in 1985 where she studied for 3 years with a gifted teacher who guided her development in pastel, her favorite medium. Despite this tutelage, Kathryn considers herself essentially self-taught in this medium, as she developed many techniques independently, from written or verbal descriptions.

The influence of the West Coast manifests itself in her paintings, which most often depict the natural beauty of the ocean, rivers and abundant wildlife of the province.

Kathryn was the featured artist for Canada in an international artist's magazine on 3 occasions and Ducks Unlimited Canada voted her the Pacific Region Artist of the Year in 2003. She received a B.A. and a B.Ed. from Memorial University and is currently completing a Master's degree in Education. She is a mother of two and teaches English and art in high school.

Kathryn has participated in many shows over the years in Western Canada, as well as Washington and Oregon in the USA. She is an Exhibiting Signatory member of the Northwest Pastel Society in Seattle, Washington, one of only 3 Canadians so recognized.

B.C. Galleries:
Aion Gallery, Vancouver, B.C.; Abbotsford Art Gallery, Abbotsford, B.C.
Kathryn has 10 limited-edition prints to date.
mullaneykr1111@gmail.com
kathrynmullaney.myartchannel.com

Kathryn a été élevée dans l'Alberta et a excellé en art pendant toutes les premières années de son éducation. Après avoir obtenu son diplôme d'études secondaires, elle voyagea et étudia beaucoup l'art à Londres, en Angleterre, à l'unversité Carlton d'Ottawa et à l'université Victoria, à Victoria, en Colombie Britannique.

Elle alla habiter dans la Vallée du fleuve Frazer en 1985 où elle étudia pendant trois ans avec un professeur talentueux qui guida ses progrès dans le pastel, sa technique préférée. Malgré cette tutelle, Kathryn se considère comme essentiellement autodidacte dans cet art, car elle mit au point de nombreuses techniques de manière indépendante, à partir de descriptions écrites ou orales.

L'influence de la côte ouest est manifeste dans ses tableaux, qui, le plus souvent, représentent la beauté naturelle de l'océan, les rivières et les nombreux animaux sauvages de la province. L'amour de la rugosité et de la beauté de Terre-Neuve et du Labrador a été au centre de la plupart de ses tableaux, qui révèle aussi la force de caractère des gens qui appellent cette province leur demeure. Elle commença à exposer ses œuvres en 2005.

Kathryn fut présentée comme l'artiste représentant le Canada dans un magazine d'art international à trois reprises et Ducks Unlimited Canada l'élut comme Artiste de l'Année de la Région Pacifique en 2003. Elle reçut un B.A et un B.Ed de l'université Memorial et termine en ce moment une Maîtrise d'Education. Actuellement, elle est mère de deux enfants et enseigne l'anglais et l'art dans le secondaire.

Au cours de toutes ces années, Kathryn a participé à de nombreuses expositions dans l'ouest canadien, ainsi que dans les états de Washington et de l'Orégon aux Etats-Unis. En tant qu'artiste ayant déjà exposé, elle est membre signataire de la Northwest Pastel Society de Seattle dans l'état de Washington, elle fait ainsi partie des trois seuls canadiens reconnus par cette société.

B.C. Galleries:
Aion Gallery, Vancouver, B.C.; Abbotsford Art Gallery, Abbotsford, B.C.
À ce jour, Kathryn a dix copies à édition limitée.
mullaneykr1111@gmail.com
kathrynmullaney.myartchannel.com

Dawn Oman

Dawn is a self taught First Nations Artist, born in Yellowknife, NT. She is a direct descendant of Chief Snuff of the Yellow Knives, one of the signers of the original Treaty 8 with the Government of Canada.

Her first gallery was opened in Yellowknife in 1999, where she welcomed visitors and collectors from across Canada and around the world who delighted in the vibrant colours and playful spirit of her work.

Dawn has experienced many highlights in her career. Here are a few that of which she is most proud. Dawn was commissioned to design the Corporate logo for Canadian North Airlines. This design graces the jet body and tail fins of their fleet of planes. In 2003 the Royal Canadian Mint chose one of her designs for the Festivals of Canada series silver fifty-cent coin collection. Four of Dawn's designs have been selected by the Unicef International Card program. Dawn was also chosen as the first female Canadian Native Artist to design the poster for the International Standards Organization. The Vatican chose her art to grace one of their official Christmas greeting cards. The Coca Cola Company commissioned Dawn to paint one of their six foot bottles that were displayed at various locations throughout the grounds of the 2010 Vancouver Winter Olympics. The Canadian Consulate General recently chose Dawn's work to be on their 2016 Christmas greeting card.

Dawn is also excited to have had great success in being a licensed artist with Canadian producers such as Kanata Blankets, Oscardo, Cherison, Canadian Art Prints, Imagi Nation Cards, Miss Mollies and Garfinkel Publications. Her work lends itself to a wide variety of products, and more new products are in development.

In 2010 she had moved to the Annapolis Valley in Nova Scotia, where she opened her gallery in Annapolis Royal. In 2012 she was forced to close her popular Annapolis Royal Gallery to care for her husband whose health was failing. She

moved her gallery into her home studio.

In June of 2014, just over a year after the passing of her husband, she and her present partner purchased and began renovating a decommissioned United Church building in Bridgetown. The Dawn Oman Art Gallery is now in this church building at 298 Granville Street, Bridgetown, Nova Scotia.

Further renovations include an intimate concert venue in the sanctuary adorned with early 1950's stained glass windows. as well as Dawn's vibrant artwork which compliment each other beautifully. The sanctuary is also available for community and private celebrations. Further renovations will provide Air BnB-style vacation rental accommodations for a party of up to six persons or accommodation for recording artists who wish to utilize the fabulous acoustics of the sanctuary for music recordings.

dawnoman@gmail.com   www.dawnomanart.com
Dawn Oman Art Gallery
298 Granville Street, Bridgetown, Nova Scotia
1-902-588-2002

Dawn est une artiste autodidacte des Premières Nations, née à Yellowknife, TNO. Elle est une descendante directe du chef Snuff des Yellow Knives, l'un des signataires du traité original 8 avec le gouvernement du Canada.

Sa première galerie a ouvert ses portes à Yellowknife en 1999, où elle a accueilli des visiteurs et des collectionneurs de partout au Canada et du monde entier, qui se sont réjouis des couleurs vives et de l'esprit ludique de son travail.

Dawn a connu plusieurs grands moments au cours de sa carrière. En voici quelques-uns desquels elle est très fière. Dawn a été chargée de concevoir le logo d'entreprise pour la compagnie aérienne Canadian North. Cette conception orne le corps du jet et la queue de leur flotte d'avions. En 2003, la Monnaie royale canadienne a choisi l'une de ses créations pour la collection de pièces de cinquante cents en argent de la série Festivals du Canada. Quatre des dessins de Dawn ont été sélectionnés par le programme international des cartes de l'Unicef. Dawn a également été choisie comme la première artiste autochtone canadienne à concevoir l'affiche de l'Organisation internationale de normalisation. Le Vatican a choisi son art pour orner l'une de leurs cartes de voeux officielles de Noël. La compagnie Coca-Cola a chargé Dawn de peindre l'une de ses bouteilles de six pieds de hauts exposées à divers endroits sur les terrains des Jeux olympiques d'hiver de 2010 à Vancouver. En 2016, e consulat général du Canada a choisi l'oeuvre de Dawn pour figurer sur sa carte de voeux de Noël.

Dawn est également enthousiasmée d'avoir eu beaucoup de succès en tant

qu'artiste agréée auprès de producteurs canadiens tels que Kanata Blankets, Oscardo, Cherison, les tirages d'art canadien, les cartes Imagi Nation, Miss Mollies et les publications Garfinkel. Son travail se prête à une grande variété de produits et de nouveaux produits sont en développement.

En 2010, elle est déménagé dans la vallée de l'Annapolis, en Nouvelle-Écosse, où elle a ouvert sa galerie à Annapolis Royal. En 2012, elle a a dû fermer les portes de sa populaire galerie royale d'Annapolis pour s'occuper de son mari malade. Elle a réaménagé sa galerie dans son studio à domicile.

En juin 2014, un peu plus d'un an après le décès de son mari, elle et son partenaire actuel ont acheté et commencé à rénover un bâtiment désaffecté de l'Église Unie à Bridgetown. La Galerie d'art Dawn Oman se trouve maintenant dans cette église du 298, rue Granville, à Bridgetown, en Nouvelle-Écosse.

D'autres rénovations incluent une salle de spectacle intime dans le sanctuaire. Les vitraux du début des années cinquante qui ornent cette salle s'agrémentent joliment aux oeuvres vibrantes de Dawn. Le sanctuaire est également disponible pour des célébrations communautaires et privées. D'autres rénovations permettront une location genre Airbnb pour accueillir jusqu'à six personnes et la location du sanctuaire à des artistes qui souhaitent profiter de la très bonne acoustique pour l'enregistrements de musique.

dawnoman@gmail.com   www.dawnomanart.com
Dawn Oman Art Gallery
298 Granville Street, Bridgetown, Nova Scotia
1-902-588-2002

Denise Belcourt-Paquette (French Canadian translation)

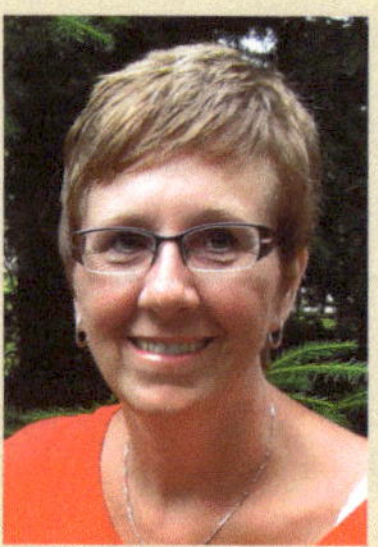

Denise Belcourt-Paquette was born in Northern Ontario. She earned an Honours Degree in Translation in 1981 and worked as a translator, an interpreter and a court reporter for a number of years. In 1999, she decided to go back to school to get her B.Ed. and has been teaching French and Spanish at the local high school in Sturgeon Falls and a French Immersion night class at Nipissing University in North Bay. Her hobbies include reading, travelling and spending time at the cottage with her family.

Denise lives in Sturgeon Falls, Ontario.
belcourt_paquette@hotmail.com

Denise Belcourt-Paquette est née dans le Nord de l'Ontario. Elle a reçu un baccalauréat spécialisé en traduction en 1981 et a travaillé pendant plusieurs années comme traductrice, interprète et sténographe judiciaire. En 1999, elle est retournée aux études pour compléter un baccalauréat en éducation. Elle enseigne le français et l'espagnol dans une école secondaire à Sturgeon Falls et un cours du soir en immersion française à l'université Nipissing à North Bay. Pendant son temps libre, elle aime faire de la lecture, voyager et passer du temps à son chalet avec sa famille.
Denise demeure à Sturgeon Falls, Ontario.
belcourt_paquette@hotmail.com

René Pike

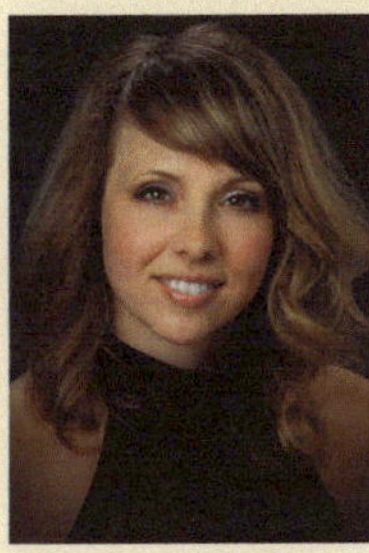

René was born René Clarke in 1972, in St John's, Newfoundland. She grew up in St John's where she discovered her love for art in high school. She is a self taught, free-hand artist who deals mainly with acrylic, although she also enjoys graphite, charcoal and watercolor.

Her paintings are inspired by anything that creates emotion. Her love of the ruggedness and beauty of Newfoundland and Labrador has been the focus of most of her paintings, which also reveal the strong character of the people who call this province their home. She began exhibiting her work in 2005.

She received a B.A., B. Ed., and M. Ed. from Memorial University of Newfoundland. Currently, she is a mother of two and a teacher of senior high Art.

René est née René Clark en 1972 à St John, à Terre-Neuve. Elle grandit à St John où elle découvrit son amour de l'art au lycée. C'est une artiste autodidacte et indépendante qui travaille principalement avec de l'acrylique, bien qu'elle aime aussi le graphite, le fusain et l'aquarelle.

Ses tableaux trouvent leur inspiration dans tout ce qui crée une émotion. Son amour de la rudesse et de la beauté de Terre-Neuve et du Labrador a été au centre de la plupart de ses tableaux, ce qui révèle aussi la force de caractère des gens qui appellent cette province leur demeure. Elle commença à exposer ses œuvres en 2005.

Elle a reçu un B.A., un B.Ed. et un M.Ed. de l'université Memorial. Elle est mère de deux enfants et un professeur d'art supérieur.

Claude Robbe

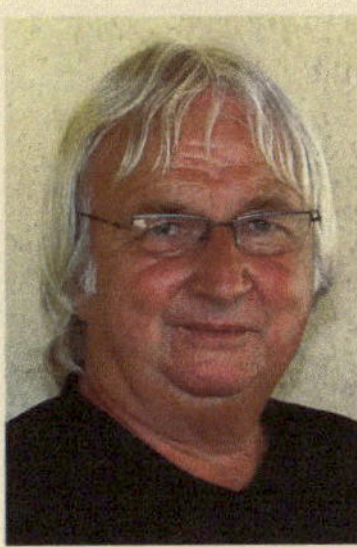

Claude was born and raised in Mortagne-au-Perche, a small town in Normandy, France. He still lives there with his wife. He has always been interested in foreign languages, so, upon graduation from high school, he decided to major in English and studied at the University of Caen. After a year in the US at Kalamazoo College, Michigan, both as a student and French assistant, he went back to France and got his degree to become a qualified English teacher. But Claude has other interests in life which range from photography and video to music and traveling. He plays piano and guitar and writes songs in the pure "chanson française" tradition. He has been to Canada several times, a country he and his wife have always loved. They have both been impressed and seduced by the majesty and wildlife of the Rockies, as well as the beauty of the landscapes and the friendliness of the people in Quebec.

Claude is one of Ray's friends. They met on the internet several years ago. He is very happy to be able to take part in this *Artscape Canada* project.

Claude est né et a été élevé à Mortagne-au-Perche, petite ville de Normandie, en France. Il y vit toujours avec sa femme. Il s'est toujours intéressé aux langues étrangères, et donc, après avoir obtenu son diplôme d'études secondaires, il décida d'entamer des études d'anglais à l'université de Caen. Après une année passée aux Etats-Unis à Kalamazoo College dans le Michigan, à la fois comme étudiant et assistant français, il retourna en France et obtint son diplôme pour devenir professeur d'anglais certifié. Mais Claude a d'autres centres d'intérêt dans la vie, qui vont de la photographie et la vidéo à la musique et aux voyages. Il joue du piano et de la guitare et écrit des chansons dans la pure tradition de la chanson française. Il est allé plusieurs fois au Canada, pays que lui et sa femme ont toujours adoré. Ils ont été à la fois impressionnés et séduits par la majesté et la vie sauvage des Rocheuses, ainsi que par la beauté des paysages et la gentillesse des gens du Québec.

Claude est un ami de Ray. Ils se sont rencontrés sur internet il y a plusieurs années. Il est très heureux de pouvoir participer au projet Pays-Arts du Canada.

Jennifer Walden

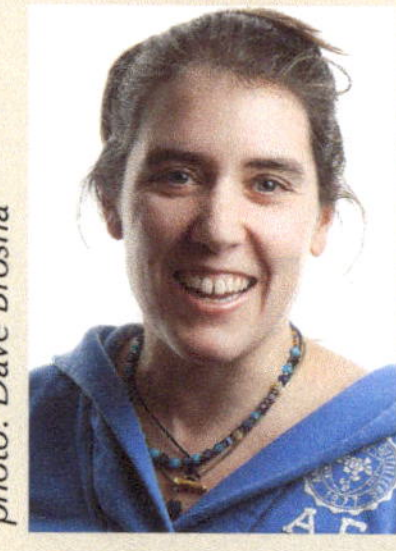

Jennifer Walden is a full-time visual artist living and working in Yellowknife, Northwest Territories. Her work is deeply influenced by the natural and human environment, in particular the geography and culture of her immediate surroundings. Her contemporary and expressive paintings capture the spirit of place.

"I am very much inspired by the relationship between culture and environment, and how these two things influence each other."

Walden works in acrylics and oils, each medium taking on a life of its own to reach artistically diverse results. Regardless of her approach, be it heavy impasto acrylics or velvet smooth oils, light is the dominating factor of her paintings, her signature in both media. Embracing life as a journey of exploration, Walden has visited all the continents on the planet, with the exception of Antarctica (which is on her To Do list). She has had the opportunity to live in South India, East Africa and the Canadian Sub-Arctic. Immersed in these cultures, these personal experiences have become her muse.

Walden's subjects and techniques have been widely acclaimed across northern and western Canada. Collectors from around the world have purchased her paintings. She has been selected to represent the Northwest Territories at various events including Northern Scene at the National Arts Centre in Ottawa in both 2013 and 2015, and the 2010 Winter Olympics at Canada's Northern House in Vancouver. There, over 215,000 visitors viewed her work. She has shown work at the Yukon Arts Centre in Whitehorse, the Prince of Wales Northern Heritage Centre in Yellowknife and the Northern Life Museum in Fort Smith. She is currently represented by Visual Effects in Yellowknife, the North End Gallery in Whitehorse, and the Inuit Gallery of Vancouver.

www.waldenpaint.ca

Jennifer Walden est une artiste visuelle à succès qui vit et travaille à Yellowknife, dans les Territoires du Nord-Ouest. Son style distinctif explore la vie des Canadiens, ainsi que celle du Nord, à travers les gens, la faune et la flore et la topographie. Elle travaille essentiellement avec des acryliques en utilisant des couleurs éclatantes, des textures riches, des lignes dynamiques et un relief à trois dimensions pour créer une expérience réellement sensuelle. Son œuvre est profondément influencée par l'environnement naturel et humain, en particulier la géographie et la culture de ses environs immédiats. Ses tableaux expressionnistes contemporains capturent l'esprit du lieu, et souvent utilisent des ficelles et des cordes qui se fondent dans divers supports acryliques afin de créer ce relief profond et sculptural qui fait sa signature.

Les sujets et les techniques de Walden ont été largement acclamés à travers le nord et l'ouest canadien et achetée par des collectionneurs du monde entier. Elle a été sélectionnée pour représenter les Territoires du Nord-Ouest lors de divers évènements qui comprennent les Jeux olympiques d'hiver de Vancouver où son œuvre a été exposée devant plus de 215 000 visiteurs. En 2008, elle a reçu le prix de « la nouvelle artiste la plus prometteuse sur un support à 2 dimensions » et son tableau « Migration de Troupeau » a été sélectionné par Northwest Tel pour orner la couverture de l'annuaire téléphonique 2009/2010 des Territoires du Nord-Ouest. Les tableaux de Walden sont actuellement exposés à The Gallery on 47th de Yellowknife, à la Copper Moon Gallery de Whitehorse, et à l'Inuit Gallery of Vancouver.

Walden est membre et ancien membre du conseil d'administration de l'Aurora Arts Society, association d'artistes des Territoires du Nord-Ouest, et membre fondatrice du Borderless Arts Movement (B.A.M.), regroupant des artistes visuels, des musiciens et des conteurs traditionnels qui collaborent ensemble à la création de spectacles à Yellowknife.

www.waldenpaint.ca

Artscapes

Pays-arts

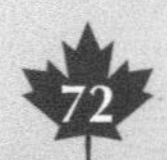